KB156386

상징으로 말하는
한국인, 한국 문화

상징으로 말하는
한국인, 한국 문화

김열규 지음

일조각

사람은 상징으로 산다

'인생의 가시밭길'

'신혼살림의 깨소금 맛'

'아리랑 고개는 눈물의 고개'

'바가지 긁기'

'삼일 의거의 불길'

한국인이면 누구나 흔하게 쓰고 듣고 하는 말들이다. 입에 익고 귀에도 익은 말들이다.

이들 말에서 '가시밭길', '깨소금', '고개', '바가지 긁기', '불길' 등등은 모두 상징적 의미로 쓰이고 있다. 이들은 차례대로 '고난과 고통', '재미며 흥겨움', '어려움과 힘겨움', '잔소리하기', '열정이나 정열' 등을 나타낸다. 이런 경우, 각기 상징이 제구실을 맡아 하고 있는 셈이다. 상징은 이처럼 뜻이나 의미를 안으로 품고 있는 물건 가지며 어떤 현상을 가리킨다. 우리들이 쓰는 말은 그러한 상징으로 넘쳐난다.

　사람의 사람다움을 짚어서 말할 때, '말을 하는 인간'이라는 표현을 쓴다. 한데 그것에 견줄 만한 말로 '상징을 쓰는 인간'이라고 내세울 수도 있다. 그래서 인간을 아예, '상징인'이라고 다잡아서 말하는 것도 가능하다. 상징을 쓰지 않으면 인간이 아니라고 해도 지나치지 않다. 상징은 인간을 인간답게 만든다.

　상징은 인간에게 '제2의 언어'와 같다. 인간 문화의 또 다른 언어이다. 비록 일상의 언어와는 다르지만 일상의 언어에 버금하게 요긴하고 유효하게 작용하고 쓰이고 하는 것이 상징이다.

　한데 상징이라는 것은 뭔가 구체적인 물건이나 물상이며 현상을 비롯해서, 온갖 것의 모양새, 빛깔, 소리의 울림 등등에 특별난 의미를 붙임으로써 이룩된다. 그것들이 뭔가 말로 바꾸어 나타낼 수 있는 속알맹이를 갖추게 되면서 상징은 생겨난다.

　그러기에 상징은 흔하고도 또 흔하다. 우리들은 상징에 둘러싸여서 살고 있고 상징과 더불어서 살고 있다고 해도 지나침은 없다. 언어만큼 지천이면서 언어만큼 요긴하기도 하다.

　가령 우리들의 얼굴에만 해도 상징은 그득하다. 이마를 찡그리는 것은 괴로움이나 마음에 차지 않는다는 뜻이고, 눈을 크게 뜬다면 그건 놀랐음을 상징한다. 상대방을 보고 코를 벌룽댄다면 비웃어준다는 의미이며, 입을 비죽대는 것은 싫증이 났거나 밉다는 뜻이다.

이렇듯이 우리의 온 얼굴은 그럴싸한 상징 노릇을 맡아서 해낸다. 고개를 저으면 뭔가를 부정하게 되고 그와 달리 고개를 갸웃대면 뭔가를 궁금해함을 뜻하게 된다.

인간의 얼굴만 해도 이 지경으로 상징으로 넘치는데, 여러 물상들, 온갖 현상들이며 자연은 오죽할까. 새삼 말할 것도 없이, 자연현상도 더없이 좋은 상징이 된다. 자연은 상징으로 가득 차 있다.

동터 오르는 새벽 햇살을, 사람들은 흔히 새로운 세계 또는 새로운 희망의 상징으로 떠받들어왔다. 경주 토함산 꼭대기의 석굴암에서 내려다보이는, 동해의 수평선 위로 솟구치는 해돋이는 아주 좋은 본보기다. 이와 반대로 서산에 지는 해는 기우는 것, 멸망하는 것, 또는 자취가 사라지는 것, 있다가 없어지는 것 등을 뜻하기도 한다.

비슷한 이치로, 떠가는 구름이며 흘러가는 물을 두고 인간살이의 덧없음을 말할 때, 구름과 물은 허무함의 상징이 된다.

이렇게 자연의 상징을 말하자고 들면 끝이 없다.

'꽃답다'라는 말에서 꽃은 아름다움, 화려함 등을 상징하지만, 바람에 휘날리는 낙화는 인생살이며 세상살이의 무상함을 상징하기도 한다. 푸른 하늘은 희망이 되고 저녁노을은 안식이 되어서, 바라보는 사람의 가슴에 사무친다.

그런 자연의 상징 중에서도 달은 더한층 두드러지게 상징 구실을 한다. "화무는 십일홍이요, 달도 차면 기우나니"라는 민요의 구절이 있다. 타령이 되고 아리랑이 되기 알맞은 이 한마디. 뿐만 아니라 속담이 되어서도 쓰임 직한 이 한마디에서 저 하늘의 달조차도 필경은 피었다가는 지고 마는 꽃과 다를 게 없다. 달은 초승달, 상현달, 보름달, 하현달, 그리고 그믐달을 거쳐서 드디어 삭아지고 만다. 그래서 달빛이 화려할수록, 달의 모양새가 눈부실수록 인생의 덧없음의 상징이 된다. 환하게 만월로 가득 차는가 싶으면 차츰 차츰 기울고 마는 게 달이다. 그래서 달은 쌓음과 무너짐, 얻음과 잃음, 이룩함과 놓침이 되풀이되는 인생의 상징이 되고도 남는다.

이렇듯이 한국말에는 상징이 넘쳐난다. 한국인의 으뜸으로 중요한 말로서 상징은 한국인의 언어생활에서 크고도 요긴한 구실을 맡아내고 있다. 한국인의 상징에는 한국인의 세계관, 인생관, 행동 양식, 그리고 사고방식까지 깃들여 있다.

　그래서 이 한 권의 책, '상징으로 말하는 한국인, 한국 문화'는 세상과 인간살이, 사물과 인물, 그리고 자연과 우주에 걸어서 한국인이 가꾸어온 정서며 감정, 지식이며 사상 등을 살펴볼 수 있는 재미나고 유익한 백과사전이 될 것이다.

　그래서 필경, 우리들 각자 마음의 거울이 되기를 믿어 의심치 않는다.

2013년 5월

김열규

차례

10

첫째 대목

상징, 그게 뭔데

세상은 상징으로 넘친다.
세상천지가 온통 상징이다.
자연 현상이 상징이 될 수 있는가 하면
동식물도 상징이 될 수 있다.
인간의 몸짓, 몸놀림이 그런가 하면,
얼굴 표정 또한 그럴 수 있다.
두 사람이 서로 새끼손가락 끼면
다짐이 되고 약속이 된다.
검지를 입에 대고 '쉿!'이라고 하면
상대방더러 입 다물라는 뜻이다.
첫째 대목에서는 우리가 늘상 만나는
이 상징이란 녀석의 정체를 밝혀보자.

제 일 장
상징의 풀이

1. 온갖 것에 따라붙는 상징

　사물 하나하나가 에누리 없이 상징이 되는 가운데, 인간이 마련한 문화에도 상징이 넘친다. 기호나 신호가 깡그리 상징인가 하면 여러 표시들도 상징이 된다. 골목 어귀에 빨간 동그라미 안에 비스듬하게 줄을 그은 표지판이 서 있으면 들어오지 말라는 뜻이다.

　숫자 역시 상징이 된다. 흔히들 '럭키 세븐'이라고 할 때, 7은 운수 좋고 땡잡은 것이다. 그러나 4는 한국인들도 피하고 일본인들도 피한다. 아파트에는 아예 4층이 없는 데도 있다. 4가 '죽을 사死'와 같

은 소리이기 때문인데 그것은 일본에서도 마찬가지다. 4는 일본인들이 '시(し)'라고 읽는데 한자 '死(し)'도 발음이 같다. 비단 4나 7과 같은 특정 숫자뿐 아니다. 온 세계에서 거의 예외 없이 홀수는 행운의 수이지만 짝수는 되도록 기피하려는 것도 숫자가 갖는 상징성의 맥락에서 이해할 수 있다.

그런가 하면 좌우 방향도 짙은 상징성을 갖는다. 좌 곧 왼편은 성스럽고 거룩한 방위로 여겨지는 데 비해서, 우 곧 바른편은 속된 방위로 치부된다.

이렇듯이 온갖 것, 별난 것에 모두 상징이 따라붙기 마련이다. 상징이 붙지 않는 것은 아예 별것 아닌지도 모른다. 아예 쓰임새 없는 것인지도 모른다.

한데 상징은 뭐라고 해야 하는 걸까? 다잡아서 정의 내리기가 만만치는 않다. 가령, 문득 떨어지는 꽃송이 하나가 죽음이나 멸망을 의미할 수 있을 때 우리들은 무심한 자연 현상으로 끝날 수도 있을 꽃을 상징으로 풀이한다. 아니면 한창 흐드러지게 핀 꽃 사이를 호랑나비가 오락가락하면서 날고 있는 정경을 두고서 여인들 사이를 겹죽대고 돌아치는 바람둥이 사내를 떠올린다면, 꽃과 나비 둘 다 상징의 보기가 될 것이다. 또는 '바람에 날리는 갈대와 같이 언제나 변하는 여자의 마음'이라고 어느 노래가 외칠 때, 갈대는 의젓한 상징으로 둔갑한다.

그렇다. 이들 여러 보기가 말하고 있듯이 상징에는 풀이가 따르기 마련이다. 어떤 감각적이고 구체적인 사물이나 현상이 어떤 추상적인 개념 또는 관념으로 풀이될 때, 우리들은 거기 상징이 있음을 인정하게 된다.

상징에서는 구체적인 것이 추상적인 것으로 풀이되기 마련이다. 이 말은 상징이, 어떤 사물이나 현상의 눈에 안 띄는 속내를 밝히는 구실을 맡았음을 의미한다. 옛날 시골집의 닫힌 사립문에 길쭉한 작대기가 가로로 걸리면, 출입금지를 나타낸 것이 이 경우의 좋은 본보기이다.

2. 사물이나 현상에 잠겨 있는 속뜻

한데 상징의 풀이는 크게 보아서 두 가지가 있다. 첫째는 미리 인위적으로 정해진 것이고, 둘째는 그때그때 그 나름으로 정해지는 것이다.

첫째 것은 따로 기호라거나 신호라고 부르기도 한다. 이것은 한 공동체나 사회 안에서 누구에게나 통할 수 있게 그 가리키는 바가 관습적으로 일정하게 정해져 있다. 누구나 알다시피 신호등의 빨간색이 정지를 의미하고 초록색은 진행을 의미하는 것 따위가 그 보기의 하나다. 다가오는 사람에게 팔을 들고 손바닥 내보이면서 가로저으면 더는 가까이 오지 말라는 뜻임은 누구나 알고 있다. 얘기하는 중에 질문받은 사람이 고개를 가로저으면 아니라고 부정하는 뜻임도 누구에게나 뻔한 일이다.

둘째 것은 그때그때 보기 나름이고 생각하기 나름일 수도 있지만, 이에서도 일정한 관습이 작용하기도 한다. 이 경우는 관습에 따른 해석이나 모두에게 통하는 보편적인 해석을 바탕에 깐 창조적인 해석이 있을 수 있다.

그러나 가령 시와 같은 문학작품에서라면 사정이 달라진다. 시마다 노래하는 사물이나 현상을 두고 그 시가 아니고서는 매겨지지 않을 상징을 부여하기도 한다. 상징이 영영 관습이나 관례를 떠나서, 이를테면 누구에게나 통할 풀이를 떠나서 특이한 개성을 지니게 되면서 시는 그 창조성을 이룩하게 된다.

간밤에 불던 바람 만정도화滿庭桃花 다 지거다
아이는 비를 들고 쓸으려 하는고야
낙환들 꽃이 아니랴 쓸어 무삼하리오.

조선조에 쓰인 작자 미상의 이 시조에서는 굳이 낙화를 허무와 무상의 상징으로만 보려고 하지 않는다. 오히려 낙화를 파괴의 상징인

모진 바람 속에서 자신의 존재를 지켜내는 모습으로 그리고 있다.

매화 옛 등걸에 봄철이 돌아오니
옛 피던 가지마다 피엄즉도 하다마는
춘설이 난분분하니 필동말동 하여라.

조선조의 기생인 매화梅花가 읊은 이 노래에서 꽃망울은 회춘, 곧
돌아오는 새봄 기운의 상징으로 오롯하다.

꽃 지고 속잎 나니 시절도 변하거다
풀 속에 푸른 벌레 나비 되어 나니는다
뉘라서 조화造化를 잡아 천변만화하는고.

조선조 인조 때 영의정을 지낸, 상촌象村 신흠申欽에게 꽃은 그 피고
지고 함으로 자연의 조화며 섭리의 표상이 된다. 동양에서는 창조주
나 조물주를 '조화옹'이라고 일러왔는데, 그 창조가 곧 조화造化다.
꽃은 시조에만 피어 있는 것이 아니다. 현대의 시도 곧잘 꽃밭이
되곤 한다.
동요로도 불리는, 이원수李元壽의 동시 「고향의 봄」에서 '꽃대궐'
이란 말이 일러주고 있듯이, 꽃은 화사함의 상징이면서 꽃과 어울려

서 노는 귀여운 동심도 상징한다.

하지만 같이 꽃을 노래해도 다음 시에서 꽃은 다른 것이 된다.

산에는 꽃 피네

꽃이 피네

갈 봄 여름 없이

꽃이 피네.

산에

산에

피는 꽃은

저만치 혼자서 피어 있네.

산에서 우는 작은 새여

꽃이 좋아

산에서

사노라네.

산에는 꽃 지네

꽃이 지네

갈 봄 여름 없이

꽃이 지네.

널리 사람들 입에 오르내리는, 김소월金素月의 「산유화」에서 꽃의 속성은 세 가지이다. 무엇보다 계절의 변화 따라서 피고 지는 것이 산의 꽃이다. 따라서 산에서 피고 지는 꽃은 계절의 변화를 상징한다. 그러면서 또한 산의 꽃은 고독을 즐긴다. 한편으로는 산새들에게 삶의 보람을 안겨주기도 한다. 김소월은 짧은 시 속에서 세 겹으로 꽃에다 상징성을 매겨놓고 있다.

한편, 「꽃」이라는 시에서 김춘수는 '이름 불러주기'의 요긴함을 노래한다. 그것은 가령 태초에 신이 무엇인가 있으라고 함에 따라 그 무엇이 이 세상에 비로소 있게 되었다는 신화적인 발상을 연상시킨다. 남녀가 서로 사랑한다고 말함으로써 사랑이 굳어지는 것을 보기로 들어도 좋을 것 같다. 이름 부름은 무엇인가 존재의 확립인데 그 으뜸에 꽃이 자리하고 있다고 시는 노래한다. 이 시에서 꽃은 그냥 화사한 것, 아름다운 것 정도로 그치는 게 아니다. 꽃은 무엇인가의 정수精髓다. 모든 존재하는 것의 정화精華를 상징한다. 온갖 존재가 궁극적으로 도달하고 이룩해내려는 절대의 가치 같은 것을 김춘수의 '꽃'은 상징한다.

지금까지 여러 시에서 낙화나 매화를 비롯한 갖가지 꽃의 상징을 눈여겨보았다. 꽃이 상징으로 어떻게 드러나는지를 구체적으로 살펴보았다. 그러다 보니, 시 작품들에서 꽃은 우리들이 손에 넣고자 하는 궁극적인 것, 으뜸가는 것을 상징하고 있음을 눈치챌 수 있었다. 인생을 육상경기에 견준다면 그 최후의 결승점에 바로 꽃들은 피어 있었다.

시는 필경 상징 쓰기이고 상징 짓기라고 해도 결코 지나침은 없을 것이다. 사물이나 현상에 잠겨 있는 속내며 그 의미를 드러내는 것이 상징일 때, 시는 그런 상징의 속성을 살피는 데 아주 적절한 문학 갈래라고 할 수 있다.

제 2 장
온 세상 그리고
문학작품에 어린
상징

1. 상징이 곧 세계고, 인간

하지만 꽃으로만 상징을 얘기하고 말 수는 없다. 꽃의 상징이 대단
하고 엄청남은 맞지만 그렇다고 상징이 꽃으로만 채워진 것은 결코
아니다. 이 세상 우리 시야에 들어오는 온갖 것이 모두 상징이다. 보
는 것 족족 깡그리 상징이다.

꽃이 상징이듯이 잎이 상징이고 열매 또한 상징이 될 수 있다. 열
매가 무슨 일에서나 마지막 거두는 보람을 상징하고 있음을 모를 사
람은 없을 것이다. 사랑도 열매를 맺고 일도 열매를 맺는다. 학생들

이면 공부가 열매를 맺기 마련이다. 인생은 궁극적으로 열매 따기이고 열매 거두기이다.

우리들은 살아가는 대목마다 상징과 맞부딪친다. 바람에 떨어지는 갈잎은 가을이 저물었음을 알린다. 얇은 개울의 얼어붙은 빙판 아래로 한낮의 햇살 받으면서 문득 흐르기 시작하는 물줄기는 봄이 가까움을 뜻한다. 같은 무렵, 움트는 새싹에서 사람들은 신생을 눈치챈다. 더운 여름밤, 짙은 안개 속을 헤매는 것은 암중모색, 곧 어둠 속을 더듬고 헤치면서 무엇인가를 구하고 있음을 상징할 수 있다. 한 겨울 눈보라는 삶이 부닥뜨리기 마련인 난관을 의미하기도 한다. 이렇게 보면 봄, 여름, 가을, 겨울 사철이 바로 상징이 되어서 돌고 돈다. 봄이 새 출발이고 가을이 수확임을 모를 사람은 없다.

우리들이 살아가는 대목에서 상징을 만나는 것은 자연에서만은 아니다. 일상생활의 터전에서, 사회의 광상에서 무시로 상징과 만난다. 백기, 곧 흰 깃발은 항복이나 평화를 상징한다. 적기, 곧 붉은 깃발은 공산주의 혁명을 상징한다. 왼편은 좌익으로 사회주의나 공산주의를 나타내고 오른편은 우익으로 보수주의나 국수주의를 나타낸다.

개인의 몸놀림이나 손짓 발짓에도 상징이 실리기 마련이다. 아기가 사납게 좌우로 몸을 흔들어대면 싫다는 뜻이고, 고개를 앞뒤로 주억거리면 뭔가 마음에 든다는 표시다. 얼굴 붉히면 무안한 것이고, 창백하면 크게 실의했음을 나타낸다.

이렇듯이 자연에, 실생활에, 인간의 몸놀림에 으레 상징은 붙어 다닌다. 그 모든 것이 상징으로 얽혀 있다. 상징이 곧 세계고 사회이며 인생이라고 우겨도 크게 지나침이 없을 것 같다.

2. 사랑의 결정적 다짐 -「소나기」

그러자니 문학작품은 오죽하겠는가 말이다. 소설에서 주제를 크게 내세우지만 그것은 요컨대 상징인 경우가 허다하다.

가령, 한때 중학교 국어 교과서에도 실려 있었던 이름난 작품, 황순원의 「소나기」에서 소나기는 단지 제목의 역할에서 끝나지 않는다. 그것은 상징이다. 소나기는 어린 남녀 사이에서 막 피어나는 첫사랑의 결정적인 계기 노릇을 맡고 있다.

그 소나기를 맞고 소녀는 지병이 덧나서 안타깝게도 죽음을 맞는데, 임종 자리에서 검붉은 물이 든 자신의 스웨터를 그대로 입혀서 묻어달라고 당부한다. 그 스웨터는 소나기가 내릴 때 소녀가 소년의 등에 업히면서 검붉은 물이 든 것이다.

그래서는 그 검붉게 물든 옷은 사랑의 둘도 없는 결정적인 다짐이 된다. 삶과 죽음을 넘나드는 사랑의 다짐, 그런 것을 상징할 수도 있을 것이다. 이는 작품 줄거리의 절정이자 주제의 극치이다.

이 서정적인 아름다움이 넘치는 소설에는 또 다른 상징이 구실하고 있다. 징검다리가 그렇고 하다못해 돌멩이조차도 상징의 구실을 한다.

개울에 놓인 징검다리에서 소녀와 소년의 극적인 만남이 이루어진다. 그래서 징검다리는 신분의 차이를 넘어서서 소년과 소녀를 어울리게 하는 역할을 한다.

한데 돌멩이는 좀 색다르다. 소녀는 일부러 소년을 기다려서 개울의 징검다리 한가운데에 앉아 있는데, 그걸 눈치채지 못한 둔한 소년은 개울가의 둑에 우두커니 서 있기만 한다. 그게 못마땅했던 소녀는 "이 바보!"라 외치면서 돌멩이를 던진다. 그리고 스스로 부끄럼 탄 소녀는 냅다 뛰어서 달아난다. 소년은 벌떡 일어나, 달아나는 소녀를 눈으로 쫓는다. 그러다가 소녀가 던진 돌멩이를 내려다본다. 물기가 가시고 말라 있는 그 돌멩이를 소년은 집어서 주머니에 넣는다. 이래서 돌멩이는 둘 사이에 피어나는 사랑의 신호탄을 상징하게 된다.

이렇듯이 여러 가지 상징들로 넘치는, 황순원의 작품에서 '소나기'는 제목이자 주제의 상징이다. 상징으로 살필 수 있는 작품의 속내는 다른 작가들의 작품에서도 쉽게 확인할 수 있다.

3. 한 집안의 전통 -「돌다리」

한국전쟁 전에 이북으로 간 것으로 알려진, 그래서 안쓰럽게도 행적이 끊기고 만, 이태준의「돌다리」에서도 상징은 빛을 발한다.

서울에서 의사를 하고 있는 아들이 시골집을 찾아와서 아버지에게 논밭을 팔아서 돈을 마련해달라고 한다. 병원을 새로 손질해서 키우자는 것이었다. 한데 아버지는 거절한다. 손수 장만한 논이고 밭이었다. 지주 소리 들어도 될 만큼 넓은 땅이었다. 하지만 아버지는 비록 아들을 위한다 해도, 이미 의학 공부를 시키고 새로이 병원 차리고 할 때, 논밭의 덕을 보았으면 그만이지, 이제 또다시 그 일부나마 돈으로 바꿀 수는 없다고 강경하게 거절한다. 소작으로 남의 손에 넘겨서 공짜로 수확을 챙길 수도 있었지만 굳이 그러기를 거부하고 손수 피와 땀으로 가꾸어온 땅을 더는 돈 받고 남의 손에 넘길 수 없다는 것이었다. 그것은 자신의 살을 팔고 피를 파는 것이나 진배없다고 생각했는지도 모른다. 아버지는 아들에게 밭과 논에 절할 줄 알아야 한다고 타이른다. 결국 빈손으로 서울로 돌아가며 아들은 근자에 면사무소에서 주관해 새로 놓은 나무다리 대신 굳이 돌다리를 밟고 돌아간다.

그 돌다리는 조부가, 돌아가신 증조부의 무덤에 놓을 상돌을 모시기 위해서 놓은 다리였다. 아버지 자신이 글공부 하러 다닌 다리이기도 했다. 뿐만 아니라 어머니가 시집올 때, 가마 타고 건너온 다리이기도 했다. 그러나 몇 해 전 장마에 부분적으로 내려앉아 떠내려가면서 동네사람들에게 잊힌 것을 아버지가 동네사람들과 함께 고쳐놓았다. 아들이 서울로 올라간 후 밤새 뒤척이던 아버지는 날이 밝자 일어나 밖으로 나온다. 아버지는 고친 돌다리를 보면서 제대로 보살피기만 한다면 다리는 만년을 가도 무너질 리 없다고 생각한다.

　이런 줄거리를 갖추고 있는 작품 「돌다리」에서 '돌다리'는 단순히 제목의 역할을 하는 데서 그치지 않는다. 지난 시절 부분적으로나마 도시화가 농촌의 안전과 안정을 위협하기 시작한 그 무렵, 돌다리는 막중한 것을 상징한다. 돌다리는 다리를 처음으로 손수 놓은 조부 이래로 삼대에 걸쳐서 지켜온 한 집안의 전통을 상징한다. 새로이 놓인 나무다리와는 대조적인 의미인 셈이다. 또한 조상 어른들과 후손들의 뜻이 서로 전해지는 마음의 다리를 상징하기도 한다. 하늘은 차라리 못 믿을 때가 많아도 땅은 힘을 들이는 만큼 보답을 준다고 여기는 아버지가 땅에 바치는 믿음, 어쩌면 종교적인 신앙이라고 해도 좋을 그 믿음에서 땅이 상징하는 것과 짝지어서 한 집안, 한 고을의 역사이자 기념비의 상징인 돌다리가 돋보이고 있다.

　이렇듯이 소설 작품에서도 상징은 줄거리며 주인공의 심리와 연결되어 주제를 이룬다. 일정한 상징이 이런저런 의미를 가지게 되기까지의 경과며 절차가 다름 아닌 소설의 줄거리라고 해도 지나침은 없을 것이다.

4. 모든 일을 잊어버리게 되기까지 - 『좁은 문』

이런 상징의 특징은 외국 소설에서도 찾을 수 있다. 누구나 잘 알고 있는 앙드레 지드의 『좁은 문』은 좋은 본보기의 하나다.

제롬은 두 살 위의 사촌 누이 알리사를 사랑하게 된다. 그러나 신앙심이 깊었던 알리사는 제롬과 함께 신의 가르침에 몸과 마음을 바칠 것을 다짐함으로써 사랑을 이룩하고자 했다. 그런 다음 둘은 이내 헤어진다. 몇 년을 떨어져서 지낸 다음, 다시 만나서 사랑을 고백하는 제롬에게 알리사는 지나간 일은 떠올리지 말자면서 "페이지는 이미 넘겨져 버렸다"고 말한다. 그리고 얼마 지나지 않아서 알리사는 제롬에게 일기를 남기고 죽음을 맞이한다.

그 일기에는 그녀가 제롬을 위해서 아름답고자 애쓰고 또 완벽한 인품을 갖추고자 애쓴 사실이 적혀 있었다. 한데 그녀가 삶의 완벽을 추구하는 데 있어서 제롬이 훼방이 된다는 사실이 적혀져 있기도 했다. 제롬이 알리사의 일기를 받은 후 다시 십 년의 세월이 흐른다. 제롬은 알리사의 누이동생, 줄리엣을 만난다. "언제까지 홀몸으로 지낼 것이냐"고 묻는 줄리엣에게 제롬은 "모든 일을 잊어버리게 되기까지"라고 대답한다. 평생을 추억과 고독 속에서 보낸 사나이의 대답이었다.

이 작품의 제목인 '좁은 문'은 『신약성서』의 한 구절에서 따온 것이다. 제롬과 알리사가 어린 시절 함께 들은 목사의 설교 중에 "좁은 문으로 들어가라. 멸망에 이르는 문은 크고 그 길이 넓어 들어가는 자가 많고, 생명에 이르는 문은 좁고 협착하여 찾는 이가 적음이니라"라는 말은 바로 알리사의 삶의 지향을 그대로 드러내는 것이라 할 수 있다.

하지만 작품의 줄거리를 전제할 때, 좁은 문은 제롬에게는 사랑 그 자체였다. 젊은 시절부터 평생토록 줄곧 알리사에게 바쳐온 사랑, 그러나 단 한 번도 보람을 거두지 못한 그 사랑이야말로 다름 아닌 좁은 문이었다.

제 3 장
속담에 수두룩한
상징

1. 속담 모르면 세상 모른다?

속담은 대단한 가르침이다. 엄청난 교훈이고 교시敎示다. 꾀바르고 눈치 빠른 타이름이기도 한 게 속담이다.

'제 흉 열 가지 가진 놈이 남의 흉 한 가지를 본다.'

'십년공부 도로 아미타불'

'십 년 세도勢道 없고 열흘 붉은 꽃 없다.'

'싫은 매는 맞아도 싫은 음식은 못 먹는다.'

이것들은 모두 흔하게 쓰이거나 쉽게 그 뜻을 알아차릴 수 있는 속담들이다. 이 속담들은 모두 누구나 듣는 순간에 고개 주억거리면서, '옳거니' 하게 된다. 짧지만 웅숭깊은, 그러면서 꼭 맞아떨어지는 가르침이 속담에는 배어 있다.

속담은 민중의 인생철학이라고 할 수 있다. 일상생활에서 사물들을 어떻게 간수하고 일들을 어떻게 다스리고 남들을 어떻게 대해야 하는가를 손에 잡힐 듯이 일러주는 것이 곧 속담이다. 민중이 대에 대를 이어서 삶을 살아오는 동안 일구고 가꾸고 닦아온 생활철학이 속담에는 알알이 박혀 있다. 아로새겨져 있다. 그것은 전통적으로 이어져 온 서민의 알짜배기 지혜이다. 누구나 별다른 설명 없이도 못 알아들을 것 하나도 없는 삶의 지혜가 곧 속담이다. 그래서

'속담 모르면 세상모른다.'

는 새로운 속담을 하나 만들어도 좋겠다.

속담에는 간결한 단문이 많다. 심지어 미처 주어와 서술어를 제대로 못 갖춘 채로 엉거주춤한 문장이 섞여 있기도 한다. 고작 단어 두 셋, 아니면 서넛으로 된 어구도 있다.

'아는 길도 물어 가랬다.'

'식은 죽 먹기'

'누워서 떡 먹기'

'시작이 반이다.'

'시장이 반찬'

한데도 이런 짧은 구절로 속담은 그야말로 정곡正鵠을 찌른다. 맞힐 것 맞히고 밝힐 것 밝힌다. 그러나 대구對句로 된, 제법 긴 문장일 때도 있다.

'시집 밥은 겉살이 찌고 친정 밥은 뼈 살이 찐다.'

이건 대구로 이루어진 속담이다. 시집 밥과 친정 밥이 대조를 이루고 있고, 겉살과 뼈 살이 또한 대조를 이루고 있다. 여자에게 시집살이가 아무리 좋아도 그 편안함은 친정에서 누리는 것에 비하면 어림도 없다는 뜻이다. 한국 여성의 생활사가 빚어낸 이 속담에서, 겉살은 알맹이 없는 껍데기 같은 허울을 상징할 것이고 뼈 살은 가져서 보람될 알짜배기를 상징할 것이다.

'말똥에 굴러도 이승이 좋다.'

이 속담에서도 대조된 두 말이 제구실을 맡아서 하고 있는데, 바로 말똥과 이승이 그렇다. 그러면서 은근하게 이승과 저승을 대조해서 말하고 있기도 하다. 그 점은 다음 보기에서도 마찬가지다.

'부뚜막 땜질 못하는 며느리, 이마의 털만 뽑는다.'

부뚜막 땜질과 털 뽑기는 대구를 이룬다. 부뚜막 땜질은 해서 마땅한 일을 가리키고 털 뽑기는 얼굴 모양내기를 가리킨다. 그래서 이 속담은 당연히 감당해야 할 본업이나 임무라고 할 수 있는 일은 마다하고 겉치장 따위의 딴 일에 열을 올리고 있음을 의미한다.

2. 속담에서 상징의 구실

이처럼 속담이란 손쉽고 깔끔한 생활의 지혜, 바로 그것이다. 문장은 짧고 표현은 간략해도 넓고 깊은 뜻이 담겨 있다. 구체적인 사물이나 현상을 통해 깊은 속뜻을 보여주는 것이다. 그래서 속담에서는 상징이 큰 구실을 맡는다.

'곰 창날 받듯'

사람이 곰 앞가슴에 창을 들이밀면, 곰은 창을 밀어내지 않고 오히려 제 가슴에 쑤셔 박고 죽는다고 한다. 그래서 이 속담은 사람됨이 우둔하고 미련함을 상징한다.

이렇듯이 속담에는 상징이 쌓여 있다. 거의 모든 속담에는 으레 상징이 들어 있다고 해도 틀린 말은 아니다. 속담에 등장하는 상황이나 현상은 거의 예외 없이 무엇인가 다른 것에 견주어지고 비유되곤 하는데, 그 비유의 대상은 으레 추상적이고 관념적이기 마련이라서 상징적인 내용을 갖는다.

'공든 탑이 무너지랴.'

누구나 아는 이 속담에서 탑은 사람들이 애써서 이룩한 보람을 상징한다. 성과를 상징한다고 보아도 좋다.

'곤쟁이 주고 잉어 낚는다.'

곤쟁이는 생김새는 작은 새우와 비슷한데 이 속담에서는 하찮은 것을 상징한다. 이에 비해서 잉어는 훌륭한 것, 대단한 것을 의미한다. 그래서 이 속담은 결국, 시원찮은 일로 근사한 결과를 챙기려 하는 고약한 심보를 나무라는 것이다.

속담은 하도 쓰임새가 많아서 얼마든지 다른 보기를 들어볼 수가 있다. 누군가가 전혀 관계도 없는 사람을 나무라고 들 때,

'건넛산 보고 꾸짖기'

라는 속담을 쓰게 되는데, 이 속담에서 '건넛산'은 관계없는 것, 아니면 엉뚱한 것을 뜻한다.

이렇듯 속담은 쉽사리 대하고 흔하게 보게 되는 사물들을 통해 생각과 사념을 상징하는 극히 일상적인 손쉬운 백과사전 구실을 한다.

누구나 알다시피 신화는 까마득한 옛날의 더욱 먼 옛날을 들려준다. 신화는 인간이 세상을 이룩하고 문화를 만들고 하기 훨씬 이전, 그 태초에 신들이 치러낸 일들을 이야기한다.

그래서 신화는 초월적이다. 현실을 아스라하게 넘어선 저 너머의 세계나 사건에 관해서 말하기 때문이다. 시간적으로도 인간의 시간이 시작되기 이전인 태고의 시간을 다룬다.

그러한 초월성 때문에 신화는 상징으로 넘친다. 신화는 인간이 창조한 최초의 가장 속 깊은 상징 언어 체계이다. 거기 녹아 있는 종교며 신앙으로 말미암아 신화의 상징은 매우 심오한 뜻을 간직하게 된다. '종교적 인간(homo religiosus)', 곧 종교를 가짐으로써 비로소 본색을 갖추게 되는 인간다운 인간의 언어가 다름 아닌 신화이기에, 당연히 신화는 상징으로 넘치게 마련이다.

가령, 신라의 신화에서 첫 왕의 이름은 '혁거세赫居世'인데, 다르게는 '불거내弗矩內'라고도 한다. 『삼국유사三國遺事』에 의하면 광명으로 세상을 다스린다는 의미라고 설명한다. 한자의 뜻으로 미루어 '혁거세'는 '세상 밝히기'를 의미하는데, 그것은 '불거내'라는 말로 더한층 강조된다. 혁赫이 '빛날 혁'이듯이 '불거내'의 '불거'는 밝음을 의미하기 때문이다. 따라서 신라의 왕은 빛과 밝음의 상징 그 자체가 된다. 신라의 왕이 태양을 상징하기도 했다는 것도 그렇게 보면 이해가 쉽다.

그런가 하면, 혁거세의 왕비인 알영閼英은 바로 '알영정閼英井'이라는 우물에서 태어났다. 알영이라는 이름은 그 우물의 이름을 딴 것이다.

알영은 '아리영娥利英' 또는 '아영娥英'이라고도 하는데, 이 경우 아娥는 '예쁠 아'의 의미도 있지만, '아영'은 중국 고대 신화 속 임금인 요임금의 두 딸의 이름, '아황娥皇' 그리고 '여영女英'과 아주 무관할 것 같지는 않다.

그 왕비의 알영이란 이름과 우물의 이름인 알영이 꼭 같은 데다, 왕비 알영이 바로 알영 우물에서 태어났다는 점에서, 우물이 여성을 상징한다는 것은 쉽게 알 수 있다. 또한 혁거세 역시 나정蘿井이라는 우물가에서 태어난 것으로 보아, 우물의 여성 상징은 더욱 강화된다. 이렇게 해서 신라에서는 왕과 왕비가 각기 태양과 우물로 또는 햇살과 물로 상징된다고 헤아려지기도 한다.

그런데 태양과 물의 대비는 하늘과 물의 대비로 볼 수도 있다. 이를 기틀로 삼아 또 다른 상고대 신화의 남녀에게서 하늘과 물의 상징을 찾을 수 있다. 그 남녀는 다름 아닌, 고구려보다 앞선 왕국인 동부여의 해모수解慕漱와 그의 아내가 된 유화柳花다. 해모수는 천제天帝, 곧 하늘의 제왕의 아들이라고 일컬어진 데 비해서 유화는 물의 신인 하백河伯의 딸이라고 알려져 있다. 따라서 해모수와 유화의 짝지음은 곧 하늘과 물의 짝지음이 된다. 이는 한국의 신화에서 남과 여가 하늘과 물로 상징된다는 결론으로 이어진다. 이렇듯이 남녀의 짝지음마저도 상징성을 품는 이런 신화들은, 신화가 그만큼 풍부한 상징으로 이루어진 이야기임을 보여준다.

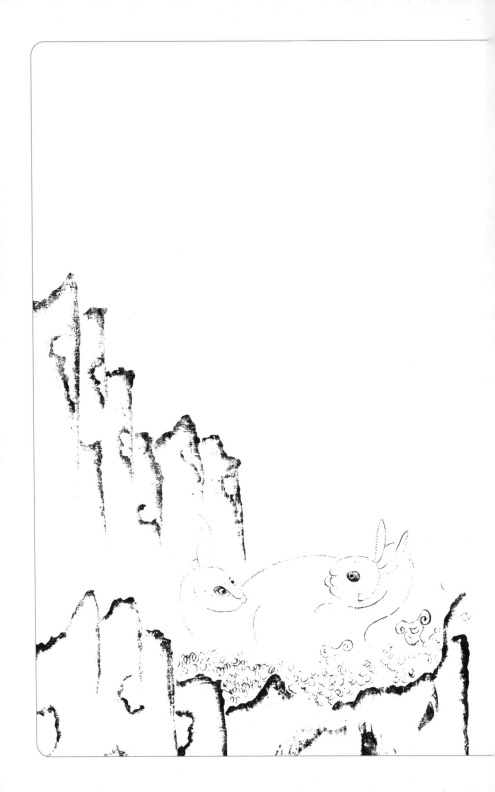

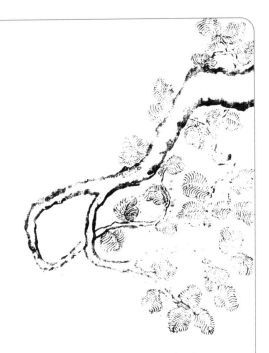

둘째 대목

상징의 갖가지 모습들, 모양새들

문학작품이나 속담, 신화에서만이 아니다.

일상에서 쓰이는 말에도 상징은 힘을 떨치고 있다.

아니, 흔하게 쓰는 말일수록 더한층 상징과

맺어져 있다고 해도 지나치지 않다.

그래서 우리는 상징에 더욱더 마음을 쓰게 된다.

둘째 대목에서는 일상 언어에서 또는

일상생활에서 제구실 다하고 있는 상징을

낱낱이 알아볼까 한다.

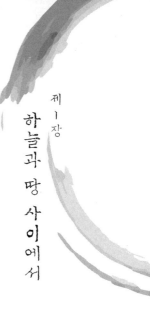

제1장

하늘과 땅 사이에서

1. 하늘

① 하늘에다 대고 맹세한다.

② 하늘이 내려다본다.

흔하게들 하는 이 말에서 하늘의 의미는 절대적이다. 지상의 아무 것도 따라갈 수 없는 절대의 그 무엇을 상징한다.

③ 민심이 천심이다.

이 말도 마찬가지다.

①에서 하늘은 엄정함이고 절대의 권위이다. 땅 위에서는 더 이상

바랄 데 없는 정의로움이기도 하다. 그런 점은 ②에서도 거의 비슷한데, 하늘은 공명정대하고 올바름이다. 이런 하늘의 상징성은 '머리로 하늘 이고 살면서……'라고 말할 때도 비슷하게 적용된다. 한 시대 전, 아이들이 뭔가 귀한 것을 주웠을 때, '하늘 보고 땅 보고……'라고 다짐 둔 경우에도 하늘의 뜻은 별로 다를 바 없었다.

③에서 하늘은 지나간 묵은 시대에 어떤 억압적인 국가권력이나 정치권력으로도 누르지 못할 서민들의 마음의 기세 또는 힘에 견주어진다. 민심이 절대적이라는 뜻이 담겨 있다.

'민심이 천심이다'라는 말을 역사적인 현장으로 옮겨서 실천한 것이, 바로 동학교이자 천도교이다. 동학교는 초기에 이미 '천도天道', 곧 하늘의 도이며 진리를 일컬으면서 그것을 '무극대도無極大道'라고 했다. 무극대도란 다함이 없는 궁극의 진리라는 뜻으로 하늘이 곧 궁극적인 진리임을 상징한다.

천도교의 시천侍天 사상과 인내천人乃天 이념, 그리고 한울님이라는 신앙 대상은 모두 ③의 하늘이 갖춘 상징을 나누어 갖고 있다.

국가의 권위나 권력으로도 당하지 못할 것이 곧 민심이고 사람임을 내세우면서, 천도교는 사람의 또는 민심의 절대를 하늘의 절대에 비유한 것이다. 이로써 하늘은 으뜸가는 권위와 비교할 데 없는 정의를 상징하게 된다. 천도교에서 나타나는 이런 하늘의 상징성은 미리부터 이 땅의 민중 사이에서 널리 지켜져 왔다. 한국의 민중들이 민속신앙에서 또는 생활신조에서 널리, '하느님', '하나님'을 우러러 받든 것이 천도교에 의해서 수용되었다고 보아도 무방할 것 같다.

이처럼 일상 언어에서, 그리고 민속신앙이며 생활 습속에서 하늘이 맡아내던 의미며 상징성은 민중 사이에서 전해진 전설이나 동화에서도 찾을 수 있고, 역사를 거슬러 올라가 상고대의 신화에서도 보인다.

단군신화에서는 단군檀君의 할아버지인 환인桓因이 그 아들 환웅桓雄을 지상 세계로 내려보내면서 '천부인天符印' 세 개를 주었다고 전한다. '천부天符'란 하늘이 내린 성스러운 징조 또는 표시를 의미하므로, 천부인은 하늘의 뜻과 명命이 새겨진 도장이란 뜻이다. 따라서 부명符命은 하늘이 주는 제왕의 표시를 가리킨다. 이것은 하늘의 뜻을 실천하는 것이 지상의 왕들, 즉 왕국의 최초 왕의 본분임을 말해준다.

최초의 왕이 천부를 지니고 지상 세계로 내려왔다는 발상은 고조선의 단군에만 그치지 않는다. 부여의 해모수解慕漱와 고구려의 동명왕東明王과 그 아들인 유리왕琉璃王, 그리고 신라의 혁거세赫居世까지 천부의 상징은 일관되게 적용된다. 이 부분은 유리왕 신화에서 가장 극적으로 드러난다.

유리는, 부여를 떠나 남쪽으로 가서 새로이 고구려를 세운 아버지 동명왕을 찾아서 자신도 부여를 떠난다. 태어나서 처음으로 아버지와 상면하게 된 유리에게 동명왕은 신성神聖함을 보이라고 요구한다. 그러자 유리는 그 즉시 몸을 날려서 해와 맞닿게 하늘로 올랐다가 다시 지상으로 내려온다. 그리고서야 동명왕은 유리를 태자로 삼는다.

이처럼 초기의 고구려 왕들은 우주선을 타지 않고도 맨몸으로 우주여행을 한 셈인데, 이런 능력은 곧 그들이 갖춘 신성함의 증표가 되었다. 그런 점에서 유리의 우주여행은 그동안 살펴온 여러 분야나 영역들, 이를테면 하늘을 일컫는 민간의 화법이나 전통신앙, 그리고 민간종교며 신화를 포괄하는 전 분야를 아우를 만한 하늘의 상징성을 대변하고 있다고 해도 좋을 것이다.

이처럼 우리들 마음에 새겨진 하늘의 상징성은 마침내 윤동주의 「서시序詩」에서 절정을 보여준다.

죽는 날까지 하늘을 우러러

한 점 부끄럼이 없기를

잎새에 이는 바람에도

나는 괴로워했다

별을 노래하는 마음으로

모든 죽어가는 것을 사랑해야지

그리고 나한테 주어진 길을 걸어가야겠다

오늘밤도 별이 바람에 스치운다.

2. 땅

땅 장사, 땅 투기.

신물이 날 정도의 말들이다. 오늘날 우리들에게 땅은 오로지 재산이고, 돈으로 교환 가능한 무엇이다. 부동산이라고 하면 언뜻 아파트와 땅 투기부터 떠오른다. 이 땅의 부동산 투기가 한창이던 1980년대 사람들 사이에는 이런 우스갯소리가 있었다.

저승으로 들어가는 길 입구에 이제 갓 죽어서 이승을 떠나온 자들이 길게 줄을 서 있었다. 염라대왕의 심판을 받아 극락행과 지옥행이 결정될 그 갈림길에서 차례를 기다리는 것이었다. 드디어 차려입은 한 중년 여편네가 염라대왕 앞에 서게 되었다. 한데 그녀는 종이 뭉치를 움켜쥔 손을 등 뒤로 감추고 있었다. 그 태도가 미심쩍어 염라대왕은 여자에게 감추고 있는 걸 내보이라고 했다. 여자는 한사코 움켜쥔 손에 더 힘을 주기만 했다. 대왕은 신하들을 시켜 그걸 빼앗아 펴보았다. 뜻밖에도 종이에는 저승 세계의 지적도가 담겨 있었다. 저승에서도 땅 투기를 하려 했던 그 여자는 지적도는 빼앗긴 채, 곧장 지옥으로 보내지고 말았다.

이 이야기의 여자는 저승 세계의 땅조차도 투기와 돈벌이의 대상으로 삼으려 했다는 점에서 땅 투기에 대해 현대인들이 가지고 있는 인식의 한 단면을 드러내 보인다. 사실 한국의 민간전승에서 땅이나 그와 관련된 풍수는 크나큰 의미를 가진다.

서기전 3세기경에 제작된 방패 모양의 청동기 중 농경문청동기라는 방패형 동기가 있다. 그런데 이 농경문청동기에 새겨진 그림이 꽤나 특별하다. 단순한 미술작품이 아니다. 그림의 사내는 밭갈이를 하고 있는데, '따비'라는 농기구로 흙을 일구고 있다. 큰 관심 없이 보게 되면, 그냥 단순히 밭일하는 모습이구나 하고 넘겨버릴 수도 있다. 하지만 유심히 살피면 사내의 따비질하는 모양새가 별나다는 것을 알게 된다.

우선 알몸이다. 벌거벗고 밭일을 하다니 별꼴이다. 벌건 대낮일 텐데, 남들 눈은 어쩌자고 나체를 노출하고 있다. 누드 쇼 아닌, 누느 작업을 하고 있다. 이것부터가 예사롭지 않다.

그리고 호기심을 자극하는 또 다른 부분은 사내의 성기가 그려진 부분이다. 사내가 알몸인 데다 사내의 사타구니 사이에는 성기가 두드러지게 그려져 있다. 일부러 강조라도 하듯이 말이다. 노출증에 걸려 있다고 말할 수도 있는 몰골이다. 한데 밑으로 뻗어 있는 성기는 따비와 나란히 그려져 있어서 그 둘은 평행선을 그린다. 이는 따비로 땅을 가는 일과 비슷한 구실을 사내의 성기가 하고 있음을 짐작하게 한다.

그렇다면 이 사내는 왜 나체로 밭을 갈고 있는 것일까. 여기에 대해서는 조선 중기 학자인 유희춘柳希春의 문집 『미암선생집眉巖先生集』 등의 일부 문헌에 '나경裸耕'에 대한 언급이 있어 풀이에 도움을 얻을 수 있다. 나경, 이를테면 나체의 경작 또는 알몸의 밭갈이는 그 옛날, 한반도의 북부 지역에서 행해졌다. 나경은 아주 이른 봄, 농사가 제대로 시작되기에 앞서서 시행되었는데, 농사의 풍요를 빌기 위해서 마련된, 민간신앙과 관련된 특별한 행사였다. 특별히 뽑힌 건장한 젊은 사내의 기운이 대지에 전해져서 대지가 한결 기름지게 되기를 비는, 일종의 종교적 의식儀式이라고 볼 수 있다. 같은 시기의 유물인 방패형 동기에 아로새겨진 알몸 밭갈이도 그 구실이며 의미가 같았으리라고 짐작된다. 그래서 우리는 이렇게 생각해볼 수 있다.

알몸의 사내는 따비로 밭을 갈고 씨를 뿌리고 있다. 이내 곡물이나 푸성귀의 새싹이 파르랗게 움터 오를 것이다. 한데 사내는 또 다른 밭갈이와 씨뿌리기를 하고 있다. 그가 드러내놓고 있는 성기 또한 밭을 일구고 씨를 뿌리고 있다고 볼 수 있다. 이래서 따비에 의한 밭갈이와 인간 남녀의 성 행위 사이에 평행선이 그어지고 그 두 가지 행위는 닮은꼴이 된다. 그러자니 성기를 드러내놓고 있는 알몸의 사내는 따비로 그냥 밭만 갈고 있는 게 아니라고 생각된다. 따비를 닮은 그의 성기로 대지의 여신의 생산력을 촉발하고 있기도 한 것이라고 여겨진다.

이런 상상은 결국 '대지모신大地母神' 또는 '지모신地母神', 곧 '대지의 어머니 신', 또는 '대지의 여성 신'이란 관념을 떠올리게 한다. 대지모신이란 관념은 실제로 인류 사이에 비교적 널리 퍼져 있는 편이다. 그 생산성이며 생명력 때문에 대지는 위대한 여성으로 떠받들어진 것이다. 이런 연유로 해서 대지며 땅에 인간이 매겨놓은 상징의 속내가 있다고 하는 것이다.

대지의 또는 땅의 상징성은 풍수설에도 크나큰 영향을 주었다. 지기地氣', '지력地力', 또는 '지세地勢' 등은 풍수설에서 널리 사용되는 단어들이긴 하지만 일반인들 사이에서도 꽤나 일상적으로 사용되어 왔다. 크게는 나라의 터전이나 궁궐터를 정할 때, 작게는 집터나 무덤자리를 정할 때, 지리며 지세를 참고삼아 땅의 내면에 깃든 기운과 힘을 점치곤 했다. 그것은 땅에 깃들인 기운이며 힘이 필경 터를 잡은 사람의 운세며 운명에도 어느 정도 결정적인 영향을 미친다고 생각했기 때문이다.

풍수설에서 말하는 땅의 힘 또는 기세 또한 대지의 한국적인 상징성을 말할 때, 꼭 짚고 넘어가야 할 중요한 대목이다. 이렇게 지기나 지력에 대해 이야기하다 보면 이제는 전래놀이가 되어버린 어린아이들의 '땅뺏기놀이'가 떠오른다. 꼬맹이들은 그 놀이를 하면서, 뒷날 어른이 되어서 지기와 지세에 관심을 두게 될 일종의 관념을 몸에 익히게 되기 때문이다.

3. 달

달도 차면 기우나니

우리나라 민요의 이런 구절처럼 달은 차면 기울기 마련이다. 차서
는 기울고, 기울어서는 차는 게 바로 달이다. 한자로는 '결영缺盈'이
라고 한다.

해와 달은 모두 광명의 상징이라고 할 수 있다. 해는 그 모양새며
밝기가 일정하다. 변화가 없다. 그래서 해는 그냥 광명이나 열정의
상징으로 그치고 만다.

그러나 달은 다르다. 어둠을 비추는 밝음이라서 한낮의 태양보다
광명의 상징성이 더한층 강조된다. 그러면서도 모양새의 주기적인
변화로 말미암은 상징성을 따로 갖추고 있다. 상징성으로는 달이 해
보다 월등히 풍족하다.

밤의 어둠을 은은하게 비추는 그 빛으로 말미암아 달은 해와는 다
르게 서정성을 띠게 된다. 시로 노래하기 좋은 대상이 되는 것이다.
달의 상징성을 말할 때 시를 빼놓을 수 없다. 달은 곧 시라고 해도 크

게 지나침이 없을 것이다. 실제로 해를 노래한 시에 비해서 달을 노래한 시가 압도적으로 많다. 햇빛 쬐면서 사랑을 주고받는 남녀는 상상만으로도 뭔가 어색하다. 하지만 달빛은 사랑의 속삭임 그 자체가 된다. 그래서 해마중보다는 달마중이 한결 더 정겹다.

　달아달아 밝은 달아
　이태백이 놀던 달아.

「달아달아 밝은 달아」라는 전래동요는 이렇게 시작한다. 누구나 알다시피 이태백李太白은 당唐나라를, 그리고 중국을 대표하는 시인이다. 시인과 달은 어우러져서 한마음이 된다. 그런데 그 달에는 검은 그림자가 어른어른 비친다. 「달아달아 밝은 달아」의 나머지 부분을 보자.

　저기저기 저 달 속에
　계수나무 박혔으니
　옥도끼로 찍어내어
　금도끼로 다듬어서
　초가삼간 집을 짓고
　양친 부모 모셔다가

천 년 만 년 살고지고

천 년 만 년 살고지고.

한데 사람들은 달에 계수나무의 모습뿐 아니라 토끼가 방아를 찧는 모습도 새겼다. 그만큼 달은 서정이 어린 동화를 품은 상징이다. 하늘에 둥덩실 떠 있는 미술작품이 된 것이다.

달은 그 기울고 차고 함에 따른 또 다른, 매우 뜻깊은 상징성을 갖추고 있다.

삭朔―초승달―상현달―보름달―하현달―그믐달―삭

갓 생겨나서 점점 차가다 둥근 온달이 되고 나면 이제는 반대로 점점 기울고 이울어가는 것, 그게 달의 운행이다. 달의 차고 기욺은 그렇게 순환한다. 돌고 돈다. 이래서 달에는 성장과 소멸, 발전과 상실 등의 상징적 의미가 매겨진다. 이 세상 인간의 흥망성쇠를 사람들은 달에 걸어서 생각하게 되었다. 얻었다가 잃고, 이루었다가 사라지는 것이 인간 삶의 생리이듯이 달은 차서 기울고, 기울다가 차기를 되풀이한다.

그래서 우리나라에서는 태양력보다는 달의 주기에 따른 태음력이 농사짓기와 밀접한 연관이 있었다. 음력이 농사력, 곧 농사짓기의 달력이 된 것이다.

바다의 조수 또한 달의 차고 기욺과 맺어져 있다. 바닷물이 들어와

차고 나가고 하는 만조滿潮며 간조干潮 또는 밀물과 썰물은 달의 인력으로 인해 일어난다. 갯가의 주민들이며 어민들의 생활은 자연스럽게 달의 차고 기욺과 밀접하게 연관되어 있다. 밀물과 썰물은 그들 삶의 기본 율동을 결정짓기 때문이다.

우리나라 지역 공동체의 가장 아름다운 민속춤은 단연코 강강술래라는 달춤이다. 강강술래를 정월 대보름과 한가위에 추어서만은 아니다. 그 춤사위가, 곧 손잡고 무리 지어 추는 그 동작이며 몸놀림 또는 모양새가 달의 차고 기욺을 닮아 있기 때문이다. 강강술래의 여러 춤사위들, 즉 직선, 나선형, 원형 등의 춤사위는 '달도 차면 기우나니' 또는 '기울다가 차는 것이 달이니'를 동작으로 나타내 보인다. 거기에는 흥하고 쇠하고 반복되기 마련인 우리네 인생사가 투영되어 있다. 달이 호남 지역의 아리따운 여인네가 되어서 추는 춤이 바로 강강술래이다.

한데 다른 의미로도 정월 대보름과 팔월 한가위의 달은 각별한 상징성과 의미를 갖는다. 정월 보름날, 초저녁이 되기 전에 사람들은 마을 가까이 있는 높은 언덕에 올랐다. 갓 떠오르는 달을 남보다 먼저 보면 복을 받는다고 믿었다. 그리고 떠오른 달을 보며 세상을 보름달처럼 밝고 환하게 살 수 있게 되길, 인생이 원만해지길 간절히 빌었다.

인간의 만사가 둥글게 흐르고 갖출 것 다 갖추게 되기를 바라는

'원만구족圓滿具足'의 소망이 대보름달로 떠오른 것이다. '만사형통萬事亨通'의 꿈이라고 해도 좋을 것이다. 그것이 대보름 달맞이다.

달의 상징성은 그뿐 아니다. 뒤의 '불'에 관한 절에서 소상하게 다루겠지만, 정월 대보름에 행하는 '달집불'이라는 민속행사에서 달은 재난을 물리치고 행복을 가져다주는 상서로운 기운을 상징한다.

요컨대, 달은 상징의 덩어리다. 한국인에게 달은 '상징복합체'로서 인생살이와 세상에 걸쳐서 하고많은 것을 일러주고 있다.

4. 별

샛별 지자 종다리 떴다.

옛시조의 한 구절이다. 하지만 사람들 입에 자주 오르내리는 말이기도 하다.

샛별은 계명성啓明星, 곧 새벽을 밝히는 별이라고도 한다. 줄여서 명성明星이라고도 하는데, 온별의 밝음을 그 이름으로 혼자 독차지하는 별이다. 다르게는 금성金星이라고도 일컬어지는데, 별치고도 황금덩어리 별인 셈이다.

별은 밤하늘의 빛이되, 그 개성이 별나다. 달처럼 밤의 천지 사방을 두루 훤하게 밝히지는 않는다. 밝힘이나 빛남보다는 반짝임, 그것이 별의 빛이다. 온갖 별이 반짝이는 데 따라 온 밤하늘도 고루 반짝이게 된다. 그래서 널리 알려진 「작은별」이라는 동요에도, '반짝 반짝 작은 별'이라고 노래한다. 그것은 뚫어지게 바라보는 아이들의 초롱초롱한 눈빛을 닮았다. 외곬으로 초점을 맞추고 응시하는 시선, 그것이 별빛이다. 반짝임은 별의 으뜸 상징이다.

한데 별들은 무리 짓는다. 그냥 무리만 짓는 게 아니라, 일정한 모양새를 갖추어서 무리 짓는다. 그래서 먼 옛날의 그리스인들은 별자리에 신화 속 영웅이나 동물의 이름을 붙이기도 했다. 갖가지 사물로 혹은 인간으로 아니면 생물이나 동물 모양새로 밤하늘의 별들은 반짝이고 있다.

그 모양새 따라서, 그 별자리의 형상 따라서 별들에는 신화며 전설이 얽히고설킨다. 그러니 야밤중의 별들은 두런두런 재미난 이야기들을 말해준다. 밤하늘의 별자리들은 신화집이고 전설집이다.

우리에게는 서양만큼, 별이며 별자리에 관한 수다한 전설이 전해지진 않지만, 크게 반짝이는 전설이 있다. 다름 아닌, '견우직녀'의 전설이다.

견우는 하늘나라의 목동이고 직녀는 자그마치, 옥황상제의 손녀딸이었다. 둘은 그 엄청난 신분의 차이에도 불구하고 열렬하게 사랑한 끝에 결혼을 해서 지아비와 지어미가 되었다. 한데 사랑에만 정신이

팔린 탓인지, 견우와 직녀는 일은 하지 않고 노닥거리기만 했다. 보다 못한 옥황상제는 둘을 갈라놓기로 했다. 견우는 은하수 동쪽, 직녀는 은하수 건너의 서쪽에 따로 살게 했다.

다리도 없는 은하수를 사이에 두고 갈라선 둘은 그리움으로 밤마다 눈물로 지새웠다. 마침내 그들의 딱한 사연을 보다 못한 까치와 까마귀들이 칠석날, 은하수 위에 무리를 지어 다리가 되어주었다. 견우와 직녀는 오작교烏鵲橋를 밟고 은하수 건너 서로를 만날 수 있었다. 서로 붙안은 둘은 기쁨으로 눈물을 쏟았고, 그 눈물은 땅 위에 비가 되어 내렸다.

그 뒤로 해마다 칠석 무렵이면 비가 자주 자주 내리곤 했다. 사람들은 그 비가, 견우와 직녀가 재회의 기쁨과 다시 이별해야 하는 슬픔 때문에 흘리는 눈물이라 해서 '쇄루우灑淚雨'라고 했다.

전설이 일러주고 있듯이, 은하수를 사이에 둔 견우성과 직녀성은 이별의 슬픔을 상징하는 동시에 재회의 기쁨을 상징하는 별이다. 아울러서 간절하고 알뜰한 사랑의 상징이기도 한 것이다.

죽는 날까지 하늘을 우러러

한 점 부끄럼이 없기를

잎새에 이는 바람에도

나는 괴로워했다

별을 노래하는 마음으로

모든 죽어가는 것을 사랑해야지

그리고 나한테 주어진 길을 걸어가야겠다.

오늘밤도 별이 바람에 스치운다.

이렇게 「서시序詩」를 읊은 윤동주에게 별은 무엇이었을까? 그에게 별을 노래함이나 죽어가는 것을 사랑함은 같은 것이다. 그래서 그에게 별은 죽은 이의 영혼을 상징하기도 한다. 지상에서 목숨을 거둔 사람들의 넋이 하늘로 올라서 별이 된다는 믿음이 서시에는 깔려 있는 것이다.

윤동주는 「별 헤는 밤」에서도 거듭 별을 읊고 있다.

별 하나에 추억과

별 하나에 사랑과

별 하나에 쓸쓸함과

별 하나에 동경과

별 하나에 시와

별 하나에 어머니, 어머니

어머님, 나는 별 하나에 아름다운 말 한 마디씩 불러봅니다.

이처럼 윤동주에게 별은 온통 그의 감정과 서정과 시정의 상징으로 반짝인다. 그리고 그 모든 상징 위에 어머니의 상징이 으뜸으로 빛난다.

하지만 별은 꼭 하늘에만 있는 것은 아니다. 사람들의 어깨에서 빛나는 별도 있다. 바로 군대의 장군들의 견장에서 뽐내고 있는 별들인데, 이 경우의 별은 '장성將星'이라는 말에서 알 수 있듯이 바로 장군을 상징한다.

그런가 하면 '스타'는 영화나 연극을 비롯한 대중 예술에서 주인공 노릇을 하면서 이름을 날리는 인물을 가리킨다. 한 공동체 안에서 월등하게 뛰어난 인물이 별로 상징된다고 해도 좋을 것이다.

그러나 아이들 눈에서 튀는 별은 사뭇 다르다. 가령 나쁜 짓을 하다가 들켜서 어른에게 뺨이라도 한 대 얻어맞으면 눈앞에서 번쩍거리는 그 별은 혼쭐남의 상징이다. 별도 별 나름이다.

하지만 누가 뭐라 해도 밤하늘의 별은 지상 세계를 살아가는 사람들의 마음의 빛을 상징한다. 그래서 별은 한국인의 마음에서 반짝이는 것이다.

1. 산

한국은 산의 나라다. 한반도의 대부분은 얽히고 또 얽힌, 그리고 뻗고 또 뻗은 산맥으로 채워져 있다. 강산江山이며 산수山水가 바로 국토를 의미하는 것은 그 때문이지만, 강과 수에 비해서 산이 한국의 강토疆土에서 차지하는 비중은 일방적으로 압도적이다. '산 좋고 물 좋은 땅', 이 말에서도 역시 산의 비중은 크다.

이런 산의 면모는 가령 지세地勢란 말이 산세山勢란 말과 맞통해 있었다는 것으로도 강조될 수 있다.

산에서 우는 작은 새여
꽃이 좋아
산에서 사노라네.

시인 김소월은 「산유화」에서 이렇게 노래했지만, 사람들은 산이
좋아 산에 또는 산기슭에 살고 있다. 산에 기대어서 목숨 부지하고
있다. 그러기에 고려 시절부터 이미

살어리 살어리랏다.
청산에 살어리랏다.
멀위랑 다래랑 먹고
청산에 살어리랏다.

같은 「청산별곡」이 민요로 불린 것이다. 이 경우, 청산은 맑고 곱게
그리고 푸르게 삶을 살아갈 터전이고 둥지다.

그래서 옛사람들은 산신령 모시고 마을굿을 올리고 산신각에 빌고
하면서 맑고 깨끗한 삶과 복을 구하고자 했다. 산은 하나같이 거룩한
정기, 그 자체를 상징했다. 소슬하고 드높은 대자연의 정기를 가리켰
다.

신라에서는 나력奈歷(경상북도 경주시 지역), 골화骨火(경상북도 영천

시 지역), 혈례穴禮(경상북도 청도군 지역으로 추청)의 삼산과 토함吐含, 계룡鷄龍, 지리地理(智異), 태백太伯, 부악父岳(팔공산八公山)의 오악을 통틀어서 '삼산오악三山五岳'으로 삼고 이들을 떠받들었다. 그중 오악이 신라 땅의 동서남북과 중앙에 하나씩 고루 솟아서 산악 숭배의 대상이 된 것은 옛사람들이 산악의 정기精氣를 믿었기 때문이다.

한국의 상고대 신화도 산에서 비롯하는 것들이 많다. 고조선의 단군은 백악산白岳山에 도읍을 두었으며, 그의 아버지 환웅은 하늘에서 내려올 때부터 훗날 묘향산이라고 일컬어진 태백산太白山 봉우리에 하강한다. 그리고는 그 봉우리의 신단수神壇樹 아래에서 나라의 기틀을 세운다.

가야의 첫 왕인 수로首露 역시 하늘의 명으로 구지봉龜旨峰(경남 김해시)에 내려오고, 신라의 혁거세가 들어 있는 알을 품었던 말이 하늘로 올라간 곳 또한 양산이다. 한데 신라에서는 혁거세를 앞질러서, 육촌六村의 시조가 되는 촌장들 역시 하나같이 하늘에서 산으로 내려오고 있다.

결국 태백산을 비롯한 여러 산은 지상에서 하늘을 떠받들고 있는 셈이다. 또한 그 산들은 나라의 중심부에 자리하고 있다. 그래서 태백산을 위시한 여러 신화의 산들은 인류학에서 이르는 이른바 '우주산'이 된다. 지구의 중심축이면서도 하늘과 지상 세계 사이의 매개가 되는 것이 다름 아닌, 우주산이다.

산의 상징성은 종국적으로는 이 우주산에서 가장 빛나게 된다. 수로왕의 구지봉이나 혁거세의 양산이나 아니면 신라 육촌장의 여섯 산이나 모두 한결같이 주어진 공동체의 우주산이기로는 서로 다름이 없다. 바로 여기에 산이 갖는 신화적 상징성이 깃들어 있다. 이들 산은 기본적으로는 태백산과 다를 바 없는 것이다.

태백산의 이 같은 상징성은 고구려의 유민들이 태백산에 기대어 발해를 세웠다는 『삼국유사』의 '발해'에 관한 기록에서 거듭 확인할 수 있다. 이렇듯이 우주산인 태백산은 국가의 기틀이 되는 성역이기도 한 것이다. 이는 앞에서 언급한 가야나 신라의 산들 말고도 『삼국유사』에서 백제가 나라를 열었다고 기록되어 있는 금마산金馬山도 마찬가지다. 뿐만 아니라, 다섯 가야 왕국 중 하나인 성산가야星山伽耶가 나라의 기틀을 잡은 성산星山도 마찬가지의 상징성을 갖는다. 신성한 존재인 왕국의 첫 왕이 하늘에서 내려오는 우주산을 으뜸 삼아서 산은 당연히 한 공동체의 성역이 되거나 신격화되기도 한다. 그래서 산신, 산신령 등의 관념도 낳게 된다. 산에 모셔져서 산을 주관한다고 믿어지는 신격이 신앙의 대상이 되는 것이다.

한데 산신들 가운데서 여성 산신들의 위상이 우리의 상고대에는 크게 높았다. 그들은 한결같이 성모聖母, 곧 거룩한 신모神母로서 신앙의 대상이 되었다.

신라 제2대 왕인 남해 차차웅의 비인 운제부인雲帝夫人은 운제산

성모로서 운제산에 모셔져 있었는데, 가뭄이 들어 빌면 비를 내려주었다고 『삼국유사』는 전한다.

그런가 하면 경주의 선도산仙桃山에는 '선도산 신모神母'가 모셔져 있었는데, 이 산은 혁거세를 낳은 것으로 전해지는 서술성모西述聖母와도 관련되어 있다. 진평왕 때는 선도산 신모가 지혜智惠라는 승려의 꿈에 나타나서 지혜가 일으키려는 불사佛事를 도와주었다고 한다.

이 밖에도 가야 왕국의 시조모로서 가야산 신모로 섬겨진 정견모주正見母主도 상고대의 성모를 말할 때 빼놓을 수 없다.

보기는 또 있다. 신라의 충신, 박제상朴堤上은 일본으로 볼모로 잡혀간 왕자를 구출하고 자신은 일본 땅에서 죽음을 당하고 마는데, 그 부인은 치술령鵄述嶺 고개에 올라 남편이 살아서 돌아오기를 기다리다가 그 자리에서 목숨이 다한다. 그런 헌신적인 사랑 때문이었을까. 부인은 치술령 신모가 되어 사당에 모셔지게 된다.

이런 신모신앙의 전통은 후세에까지 이어져서 이후 각지의 산에는 산신모가 모셔지게 되었다. 소백산, 월악산, 계룡산, 그리고 오대산 등 전국의 내로라하는 명산에 여자 산신이 모셔져 있었고 지리산 천왕봉에도 성모가 모셔져 있었다.

이 가운데서도 지리산 성모는 '수술水術', 즉 물의 술법을 써서 산에서 수도하던 남자 승려와의 사이에서 아이를 낳기도 했다는 전설이 전해진다. 이는 여자 산신이 생명력을 관장하고 있음을 단적으로 말해준다.

여성 산신에 관한 이런 신화며 전설들은 한 공동체의 성지인 산이 여성과 맺어져서 여성다움의 상징이 되기도 했다는 사실을 증언한다. 물론 남성 산신에 관한 신화나 전설도 존재하긴 하지만, 그 상대적인 비중에 있어서 여성 산신을 당할 수는 없다. 그래서 한국의 민속신앙에서는 산이 여성으로 간주되기도 하였다고 말할 수 있다. 그것은 산 자체가 지모신地母神, 이를테면 대지의 여신이 갖춘 생산력의 상징이 되기도 했음을 의미한다. 큰 산의 정상에 모셔진 여자 산신이 '마고할매'로 추앙된 것도 그 때문이다.

한편 민속이나 민중의 생활을 터전 삼아서, 산이 갖는 상징적인 의미를 캐낼 수도 있다. 무엇보다 이런 관점에서는 '산' 하면 가장 먼저 '산신령'이 떠오른다. 그래서 우리네 마을 뒷산에는 산신각이 모셔지고 굿이 베풀어지기도 한다. 또한 산신이 마을을 지켜주는 서낭신 또는 성황신과 동격이 되기도 한다. 그로써 산 자체가 신격화되는 것이다.

그런가 하면, 산과 관련해서는 신선에 관한 전설도 빼놓을 수 없다. 깊은 산에는 신선이 살고 있다는 여러 전설이 전해진다. 물론 신선은 도교에서 신격화된 존재인데, 인간이 도를 닦고 닦은 끝에 나이 들어서 입산해서 신선이 되기도 한다고 믿어졌다. 그래서 신선은 산의 정기精氣를 상징하기도 했다.

2. 물

상징을 말할 때, 물은 여간 말썽꾸러기가 아니다. 성가시고 까다롭다. 뒤에서 살펴볼 '불'과 비슷하게 그 상징성이 워낙 다양하기 때문이다. 그야말로 물불을 가리지 않는다.

깊은 산속 옹달샘 누가 와서 먹나요
깊은 산속 옹달샘 누가 와서 먹나요
새벽에 토끼가 눈 비비고 일어나
세수하러 왔다가 물만 먹고 가지요.

윤석중의 동시 「옹달샘」에서처럼 동심에 어린 옹달샘 물이 있는가 하면, 사람들이 물난리를 치르게 되는 물도 있다. 뿐만 아니다. 물벼락을 맞게 되는 물도 있다.

술에 취해서 잠들었다가 새벽녘에 갈증이 나서 일어나 들이키는 냉수와 '물에 물 탄 것 같다'의 물은 전혀 딴 뜻이다. 이렇듯 물을 두고 가능한 상징은 너무 다양해 특정한 상징으로 종잡기는 곤란하다.

중국 당나라의 시인 두보杜甫는 흐르는 강물을 내려다보며 '가는 것은 저와 같구나'라면서 공자의 말을 흉내 냈는데, 반대로 그가 웅덩이의 고인 물을 들여다보았다면, '침묵은 저와 같구나'라고 읊었을지도 모른다.

'수류운공水流雲空'이라면 문자 그대로 흐르는 물과 하늘의 뜬 구름을 의미하는데, 여기서 물은 구름과 더불어서 덧없음이나 무상함을 뜻한다. 그러나 수리水理나 수맥水脈으로서의 물은 대지의 기운을 의미한다.

이렇듯이 물의 상징성은 워낙 여러 가지라서 헷갈리기 십상이다. 이건가 하면 저것이고 저건가 하면 이것인, 그게 바로 물이다. 그래서 변화며 무상이야말로 물의 궁극적인 상징이라고 말할 수 있을지도 모른다.

물은 그 상징성이며 의미가 오락가락하는 중에 때론 상반되기도 한다. 긍정적인 것과 부정적인 것이 서로 짝짓고 있다. 모순 대립되는 의미며 상징이 물에는 녹아 있다. 생명 원소의 상징도 물인 반면에 허무와 무상의 상징도 곧 물이기 때문이다.

그런 중에 물은 크게는 대자연을 의미하기도 한다. 산수, 곧 산과 물이라면 그게 바로 자연이다. 강산江山이라는 말에서도 자연을 뜻하는 물의 의미를 헤아릴 수 있다.

물이 갖는 긍정적인 상징을 캘 때, 물이 곧 생명이라는 점이 두드러지게 된다. '생명수'란 말에서도 긍정적 상징성을 느낄 수 있다. 그러자니 물이 생명의 원천을 상징함은 당연하다. 만물 생명의 모태가 되는 물이기에 으레 인간 생명의 모태가 되기도 한다. 그것은 이 땅의 상고대나 고대의 신화들에서도 충분히 표현된다.

제주신화인, '천지왕 본풀이'에서는 물에서 지상의 만물이 생겨났다고 들려준다. 또한 물이 생명체만이 아니라, 모든 사물의 모태라고 말한다. 장엄한 창조신화이고 개벽신화이기도 한 '천지왕 본풀이'에서는 꽁꽁 한 덩어리로 굳어져 닫혀 있던 하늘과 땅이 위 아래로 벌어지면서 세상의 경계가 생겼다고 묘사하고 있다. 그 순간에 하늘에서 내린 푸른빛의 청이슬과 땅에서 솟은 검정빛의 흑이슬이 서로 합쳐져 지상의 온갖 것이 생겨났다는 것이다.

흔히들 풀잎에 내린 아침 이슬은 햇빛에 닿자마자 사라지는 덧없음의 상징, 허무의 상징으로 묘사하기도 한다. 한편으로 새벽녘의 이슬은 그 영롱함으로 인해 생명의 빛살로 칭송받기도 하는데, 제주신화에서 그것을 거듭 확인할 수 있다. 우주 만물의 모태가 곧 물이기에 인간 생명의 모태로 생각됨은 당연하다. 이는 한국신화에서 다양한 방식으로 표현된다.

신라의 혁거세의 비인 알영閼英은 아예 '알영정閼英井'이라는 우물에서 태어난 것으로 전해진다. 바로 그 우물에서 용이 알영을 낳았다는 것이다. 옛사람들이 용을 물의 정기로 여겼음을 생각한다면 알영의 탄생은 두 겹으로 물과 맺어져 있는 셈이 된다. 왕비의 이름인 알영이 다름 아닌, 우물의 이름인 알영정에서 비롯하고 있음을 이 경우, 놓치지 말아야 할 것이다.

따라서 알영에게 있어서 우물은 곧 모태라고 해도 지나침이 없다. 이는 혁거세가 하늘에서 내려온 것과는 대조적이며, 이로써 신라의 첫 왕과 왕비가 짝함은 '하늘과 물의 짝함'으로 해석될 수 있다. 더불어 알영정이 아기를 낳는 여성성에 대한 상징을 겸하면서 '신정神井'으로 섬겨졌을 것이라는 부분도 헤아릴 수 있다.

여성성과 물을 연결 지을 수 있는 또 다른 신화 속의 여인이 있다. 고구려의 시조인 주몽의 어머니, 유화는 웅심연이라는 연못을 그 삶의 터전으로 삼고 있는 '물의 여인'이다. 알영정이 여성 상징이 될 수 있듯이 웅심연 또한 여성 상징으로 볼 수 있다. 이 경우, 프로이트 심리학으로도 샘이나 우물이 여성 상징이 될 수 있음에 유념해야 한다.

한데 여성에게서만 우물 또는 물이 생명의 모태가 되는 것은 아니다. 혁거세가 비록 하늘에서 내렸으나, 그 내림한 현장이 나정蘿井으로 되어 있는 것으로 보아서 우물이나 물이 남성의 모태가 되기도 한다는 것을 헤아릴 수 있다.

신라의 성스러운 우물의 전통은 고려 왕조에까지 이어졌다. 고려의 수도인 개성에는 '삼대 신정'이 있었는데, 그것들은 각기 양릉정陽陵井, 광명사정廣明寺井, 그리고 개성대정開城大井이라고 했다. 개성대정은 말할 것도 없고 나머지 두 신정도 왕가에서 제사를 올리곤 했는데, 신정의 가장자리에는 정사井祠, 곧 신당이 차려져 있었다.

그중에서도 개성대정은 신화와 맺어진 아주 각별한 성역이었다.

고려를 이룩한 왕건에게는, 작제건作帝建이란 할아버지가 있었다. 작제건의 아내는 서해의 용궁 출신으로, 그 이름은 용녀龍女였다. 작제건이 중국을 가기 위해 서해를 건너가던 중에, 용왕을 괴롭히고 있던 늙은 괴물 여우를 처치하고 용왕의 딸을 아내로 맞게 되는데, 그녀가 바로 용녀였다. 신랑을 따라서 개성으로 온 용녀는 집 가까운 땅에 우물을 판다. 손수 은접시로 땅을 파자, 물이 펑펑 솟아올라 이내 큰 우물이 된다. 용녀는 그 우물을 통해 친정인 서해 용궁을 내왕하다가 마침내 영영 되돌아갔다고 한다.

이 우물이 바로 개성대정인데, 서해와 관련된 해양 숭배를 배경으로 삼은 '물 신앙'이 어려 있는 개성대정은 여성 상징을 겸하고 있다는 점에서 위에서 들어 보인 알영정에 견주어도 좋을 것이다.

한 왕조의 여성 조상의 탄생 또는 그 유래와 맞물린 신성한 우물에 대한 신앙이, 그리고 물의 상징성에 관한 믿음이 신라에서 고려로 이어졌음을 알 수 있다. 그 상징성은 물이 곧 생명의 원류라는 사실을 의미한다.

이런 상고대 및 고대의 신화며 전설에 등장하는, 물에 관한 신앙은 후세의 '약수藥水신앙'으로 이어졌다. 전국적으로 곳곳에 자리 잡은 약수터에서는 대개 청정한 물이 바위틈을 비집고 흐르거나 솟아난다. 약수터는 옹달샘이나 옹달우물의 형태를 띠고 있는데, 약수할미의 물이라고도 일컬어질 정도로 민속신앙의 대상이 되기도 했다.

뿐만 아니다. 비교적 근자에 이르기까지, 각 가정에서 주부들이 집 안의 안녕을 바라고 건강을 빌면서 떠놓곤 하던 정화수井華水에도 고대 신정의 물, 곧 신神기운이 어린 우물의 자취가 드리워 있다. 해 뜨기 전, 이른 새벽에 앞치마 차림으로 장독대에 서 있는 주부 앞에는 독 위에 흰 대접이 놓여 있다. 대접에는 맑은 물이 금방이라도 넘칠 듯 한가득 담겨 있다.

비나이다 비나이다
부정은 물리고
정화수 같은
맑은 복 버리시기
비나이다.

대접의 정화수에 맑고 깨끗한 주부의 마음이 비친다. 축수祝手하는 주부의 마음도 정화수가 되는 것이다. 이렇듯이 신정에서부터 약수와 정화수에 이르기까지, 오랜 역사에 걸쳐서 민속신앙의 대상이 되어온 물은 한결같이 생명의 원류를 상징하고 있다.

3. 바람

풍수風水라면 문자 그대로는 바람과 물인데, 그 뜻이 변해서 산수를 의미하고 자연을 뜻하기도 한다. 물은 바람결 따라 흔들리고 바람은 물결 따라서 설렌다. 그래서 바람과 물은 서로 궁합이 잘 맞는다.

물은 흘러서 움직여야 강물이 된다. 바람은 움직이지 않으면 그 생명을 잃는다. 아주 없어지고 만다. 그래서 바람은 만사 다 제쳐놓고 변화를 상징한다. 새삼 말할 것도 없이 바람은 공기의 움직임이다. 움직이는 공기가 곧 바람이다. 움직이다 보니 방향을 달리하기 마련이고 그 방향 따라 바람도 달라진다.

샛바람이면 동풍이고 하늬바람이면 서풍이다. 마파람은 남풍이고 된바람은 북풍이다. 서남 두 방향에 걸치면 늦하늬바람이 된다. 높새바람은 영동 지방에서 태백산맥 넘어서 영서 지방으로 부는 동북풍인데, 그 지역주민들 사이에서만이 아니라 널리 알려진 바람이다.

한편 바람은 그 성질에 따라서 이름이 달라진다. 돌개바람이라고도 하는 회오리바람은 둥글게 나선형을 그리면서 몰아치는 바람이다. 선풍旋風이라고도 하는데, 이 말은 갑작스레 일어난 큰 사건을 의미하는 경우도 있다. '밀수범들 검거 선풍이 불다'라고 할 때의 선풍이이에 해당된다. 산들바람은 부드럽고 고운 미풍微風이거나 연풍軟風인데, 이는 우리말로는 된바람이라고 하는, 사납고 거친 태풍이나 폭풍과는 사뭇 대조적인 바람이다.

바람은 워낙 변덕꾸러기다. 변화가 심하다. 강한가 하면 약하고, 느림보인가 하면 내달린다. 곱상하게 매만지는 듯이 하다가도 모질게 몰아치고 또 휩쓸기도 한다. 속삭이는 듯하다가는 으르렁댄다. 다사로운 듯하다가도 차갑게 토라진다. 간신간신 나뭇잎을 흔든 게 언젠데 순식간에 나무를 뿌리째로 뽑아놓는다. 그래서 변화무쌍이 바람의 상징이 된다.

그런 바람 가운데는 모순덩가, 이를테면 서로 반대인데도 그 반대와 반대가 맞물려 있는 모순덩가를 이루고 있는 바람도 있다. 풍력발전소나 풍차를 돌리는 바람은 말할 것도 없고, 하다못해 아이들의 내달리는 손끝에서 뱅글뱅글 돌아가는 저 바람개비에서도 바람은 동력이고 활력이다. 그런 바람이 폭풍이 되고 태풍이 되면 커다란 파괴를 의미하게 된다.

그렇기에 바람의 상징도 한두 가지가 아니다. 별스레 다양하다. '바람결에 들리는 소문'이라고 할 때의 바람은 어쩌다 우연히 귀에 넣은 소문이기에, 기연가미연가하는 분명하지 않다는 뜻이다. '바람 잘 날 없다'고 하면 편하게 보내는 날이 없다는 뜻이니 끊이지 않는 말썽이나 사건이 곧 이 경우의 바람이다. '바람 따라간다'고도 하는데, 이 말은 미리 정한 길이 없다는 것이니 여기서의 바람은 정처 없음을 상징한다.

바람이란 말은 이 밖에도 쓰임새가 많다. '바람 넣다'라고 하면 공연히 남을 부추기고 꼬드기고 해서 마음 설레게 한다는 뜻이다. 그래서 야바위꾼이나 사기꾼마냥, 남을 부추기고 들뜨게 하는 사람을 '바람잡이'라고 한다. 이때의 바람은 마음의 흔들림을 상징한다. '바람 쐬다'는 문자 그대로의 의미 말고 다른 뜻으로도 쓰인다. 산책이라도 하면서 답답한 마음을 시원하게 푸는 것을 가리키니, 이 경우의 바람은 좋아지는 기분이다. 기분 풀이라고 해도 맞다. 그런가 하면 '바람맞다'라고들 하기도 한다. '그녀가 날 바람맞혔다'는 것은 약속을 해놓고도 지키지 않았다는 뜻이다. 이 바람은 변심을 의미할 수도 있을 것이다. '바람 들다'라고 하기도 하는데, 이 경우 바람은 들뜬 마음 또는 흔들리는 마음을 의미한다. 이와 달리 '바람이 자다'는 들뜬 마음이 가라앉음을 뜻한다. 이처럼 바람은 이래저래 흔들림이나 불안을 상징한다. 변심을 상징하기도 한다.

한데 '바람나다' 하면 좀 색다르다. 흔하게들 내뱉는 이 말은 '바람둥이', '바람기', '바람피우다' 등등과 짝을 이루어 남녀 간의 어떤 사랑의 정황에 대해서 일러준다. 이때의 바람은 남성 같으면 이 여성 저 여성을 집적대는 마음보를, 여성이라면 이 사내 저 사내를 군것질 하듯이 집적대는 마음보를 상징한다.

그러나 이런 건 어떨까.

앵두나무 우물가에 동네 처녀 바람났네

물동이 호미 자루 나도 몰라 버런지고

말만 듣던 서울로 누굴 찾아서

이쁜이도 금순이도 단봇짐을 쌌다네.

천봉이 노랫말을 붙인 〈앵두나무처녀〉라는 대중가요에서 이렇게 노래되는 바람은 얄밉기 반, 귀엽기 반의 마음가짐을 상징한다. 물론 '남편이 바람났다'고 하면 전혀 다른 바람이 된다. 멀쩡한 제 아내 두고는, 다른 여자에게 딴 수작 부리는 게 이 경우의 바람이다. 그는 한국식의 '돈후안Don Juan'이다. 그래서 바람은 사랑하는 마음의 흔들림을 의미하는 한편, 변심이나 변덕을 상징하기도 한다. 바람둥이가 용케 마음을 바로잡으면 그때는 '바람 잡는다'고들 일러왔다. 바람이 자서 마음이 안정되었다는 뜻이다.

지금까지 살펴본 여러 말에서 바람이 남녀 사이의 사랑을 상징할 때는 사랑은 사랑이되, 좀 삐딱한 사랑을 의미함을 알 수 있다. 워낙 사랑이란 게 변심하기 쉽다는 것을 의미하고 있는 건지도 모른다. 이렇게 보자면 바람은 자연의 바람과 인간 마음의 바람, 크게 두 가지로 나뉨을 눈치챌 수 있다. 한데 그 어느 경우나 크게 보아서 바람은 변화며 변덕을 의미하는 비중이 보다 더 큰 편이라고 판단해도 좋겠다.

4. 구름

'운객雲客'이란 옛말이 있다. 곧이곧대로 우리말로 옮기면 '구름 나그네'가 될 테지만 원래는 신선이나 도사를 가리키는 말이다. 이에 서는 구름이 신선의 마음을 상징하게 되니, 예사 소슬한 게 아니다.

그것은 '운수雲水'라는 말에서도 마찬가지다. 문자 그대로라면 구름과 물이 운수인데, 승려들을 일컫는 비유도 된다. 구름 가듯, 물 흐르듯 매인 데 없이 자유로운 스님들의 마음과 행동을 구름은 상징한다.

운수나 운객이나 다 같이 고결하고 청아하게 자신을 닦아나가는 인간의 높은 품성을 상징한다. 동양인들이 인간에 붙여서 빚어낸 이상이 그 말들에 어려 있다. 이 점은 '운심월성雲心月性'이라는 말에서도 비슷하다. 글자에 맞추어 뜻을 풀면 구름 같은 마음과 달 같은 성품, 이를테면 자유롭고 맑음을 의미하니, 여기에서의 구름은 매임이 없는 자유로움을 상징한다. '운객'에서와 마찬가지로 '운심월성'이란 말에서도 구름은 사뭇 우러름 받는 존재이다.

하지만 다른 구름도 있다.

백설이 잦아진 골에 구름이 머흘에라

반가운 매화는 어느 곳에 피었는고

석양에 홀로 서 있어 갈 곳 몰라 하노라.

고려 말의 대표적인 문신인 목은牧隱 이색李穡의 시조에서 구름은 험상궂다. 거칠고 스산하여서 으스스한 게 구름이다. 눈 내리고 비 오는 하늘의 구름은 그러하기 마련이다.

그런가 하면

빨간 마후라는 하늘의 사나이
하늘의 사나이는 빨간 마후라
빨간 마후라를 목에 두르고
구름 따라 흐른다 나도 흐른다
아가씨야 내 마음 믿지 말아라
번개처럼 지나가는 청춘이란다.

라는 노래는 한때 군가로도 불렸는데, 한운사가 작사한 〈빨간 마후라〉 라는 이 가요에서 구름은 덧없음과 허무함의 상징으로 바뀌고 만다.

하늘에도 검은 구름이 일 때가 있으면 흰 구름이 필 때도 있듯이, 또는 거칠거칠 흩뜨려진 구름도 있고 운봉雲峰이라고 일컬어지는 솟을 구름도 있듯이, 구름은 변화무쌍을 상징하기도 한다.

5. 바다

한국의 신화에는 피안 세계가 둘 있다. 바로 하늘 위와 바다 저 너머이다. 한바다 저 너머, 보이지 않는 물마루 저 너머는 수평의 피안을 상징한다. 그것은 수직의 피안인 하늘과는 대조적 세계이다.

신라의 제4대 왕인 탈해脫解는 그 출생부터가 신화적인 분위기로 싸여 있다. 그는 일본의 동북으로 천 리가 넘는 나라, 바다 저 너머의 나라에서 태어났다. 그 나라는 용왕龍王이 다스리는, 용의 나라인 용성국龍城國이라고 하는데, 그 신비의 나라에서 탈해는 커다란 알로 태어났다고 전해진다. 용의 나라인 바다 너머 피안이 그의 안태 고향인 것이다.

제1대 왕인 혁거세가 하늘에서 내린 알에서 태어난 것으로 신격화되어 있듯이, 탈해는 바다 너머의 고장에서 알로 태어났다고 신격화되어 있다. 하늘처럼 바다 또한 신비화된 셈이다. 한데 탈해의 알은 궤짝에 담긴 채로 배에 실려서 용들의 보호를 받으면서 한바다를 건너서 신라에 도착했다. 그는 바다 저 너머의 피안에서 태어나 한바다를 떠돌다가 신라에 당도한다.

탈해만이 바다 너머 피안 출신은 아니다. 가야국 수로왕의 비인 허황옥許黃玉 역시 그렇다. 그녀는 바다 너머의 나라인 아유타국阿踰陀國의 공주로 신의 계시에 따라서 한바다를 건너 가야국에 도착한 인물이다.

　한편 『심청전沈淸傳』에서는 먼 한바다 밑에 용궁이라는 수중 세계를 그려 보인다. 뿐만 아니라 『별주부전鼈主簿傳』에서도 바다 밑의 용궁 세계가 등장한다. 이들 두 고전소설은 바다를 그 깊은 속에 또 다른 세계, 또 다른 별천지가 있는 세계로 그려낸다.

　이처럼 바다에는 저 너머의 피안과 저 깊은 곳의 또 다른 세계가 있다고 신화나 전설은 그려왔다. 그런 한편, 바다는 여러 가지 다양한 상징성을 갖추고 있다. 무한의 넓이로 파악되면서 영원을 뜻하기도 한다. 설레는 파도로는 발랄한 탄력이나 활력을 상징할 수도 있다. 폭풍우와 관련해서는 파괴며 폭력을 상징하기도 하는 게 바로 바다이다. 그래서 바다는 수시로 변하는 변덕을 의미하기도 한다.

　　아무도 그에게 수심을 일러준 일이 없기에
　　흰 나비는 도무지 바다가 무섭지 않다.

　　청무우 밭인가 해서 내려갔다가는
　　어린 날개가 물결에 절어서
　　공주처럼 지쳐서 돌아온다.

　　삼월 달 바다가 꽃이 피지 않아서 서글픈
　　나비 허리에 새파란 초승달이 시리다.

김기림의 시 「바다와 나비」에서 순진하고 연약한 나비를 통해서 청무 밭에 견주어진 바다는 나비와 짝지을 수 있는 존재로 노래된다. 이 바다에는 귀엽고 앙증맞은 동심이 어려 있기도 하다.

그런가 하면 정지용은 〈바다 9〉라는 시에서 전혀 다른 바다를 노래한다.

바다는 뿔뿔이
달아나려고 했다.

푸른 도마뱀 떼같이
재재발렀다.

꼬리가 이루
잡히지 않았다.

이 시인에게 바다는 활기차고 발랄하다. 생동감에 출렁대고 있는 게 정지용의 바다이다. 그런데 일본의 한 시인은

일본말이여
너의 바다[海]에는 어머니가 있고
프랑스말이여
너의 어머니 속엔 바다가 있다.

라고 읊었다. 일본어로 바다를 뜻하는 '海'라는 한자에는 어미 '母'가 들어 있고, 프랑스어로 어머니를 뜻하는 'mère'라는 단어 속에는 바다를 가리키는 'mer'이 들어 있다고 재치를 부린 표현인데, 굳이 그렇게 단어 자체를 분석하지 않더라도 바다는 그 무한의 넓이로 인해서 위대한 모성을 상징하기도 한다.

바다는 이처럼 단지 세 시인의 작품에서만도 이미 충분히 변화무쌍한 상징임을 알 수 있다. 바다는 한도 없고 끝도 없는 변화의 상징으로 노래할 수 있다.

그래서 시인이자 소설가였던 박태원이 "바다를 일본말로 'うみ'니, 영어로 'sea'니 해보아야 시원찮다. 하지만 우리말 바다는 그 바닥에 감탄사 '아아'가 깔려 있어서 그것이 '아아! 큰 바다' 아니면 '아아! 시원한 바다'를 의미하게 되어서 마냥 바다답다"고 한 이야기가 새삼 가슴에 다가오는 것이다.

6. 꽃

우리는 꽃을 사랑한다. 그 아름다움을 탐낸다. 그래서 '꽃답다'고 하면 아예 아름답고 화사하다는 뜻이다. 혼인하기 직전, 새 각시는 '꽃각시'라고 했다. 고운 무늬 중에서도 으뜸으로 고운 무늬가 다름 아닌 '꽃무늬' 였다. 사슴조차도 그 몸에 고운 무늬가 있으면 굳이 '꽃사슴' 이라고 일컬었다. 구름도 별달리 아름다우면 '꽃구름' 이라고 했다.

뿐만 아니다. 불 밝히는 등에도 '꽃등' 이 있었고 어린아이들이 신는 가죽신인 당혜는 '꽃당혜' 라고 했다. 하다못해 자리에도 '꽃자리' 가 있고, 저 징글맞은 뱀에도 '꽃뱀' 이 따로 있었다. '꽃샘추위' 란 말은 추위조차 꽃에 마음 쓰고 있음을 일러준다.

그러면서 사람들은 꽃을 두고서, 혹은 아름다움을 혹은 사랑과 애정을 혹은 지조며 영광 등등의 의미를 부여해가며 가지가지 '꽃말' 을 지어냈다. 이렇듯이 꽃은 아름다움이며 화려함의 전형이다. 본보기다.

(1) 매화

꽃의 상징성을 말할 때, 매화는 나무에 피는 꽃으로는 복사꽃과 쌍벽을 이룬다. 나무 꽃으로는 철쭉을 비롯해서 진달래, 동백, 석류, 목련 등등 내로라하는 꽃들이 많지만, 유독 그 상징성을 따지자면 매화와 복사꽃이 어깨를 나란히 한다.

대나무와 함께 사군자의 하나를 이루는 매화는 선비의 기개만이 아니라 젊은 여성들의 절개와 아름다움까지도 상징한다. 조선조의 빼어난 기녀들 가운데 '매창梅窓' 이나 '월매月梅' 등의 이름을 가진

이가 많았던 이유는 그 때문이다. 한데 스스로 이름을 매화梅花라고 한 조선조의 한 기녀는,

매화 옛 등걸에 봄철이 돌아오니
옛 피던 가지마다 피엄즉도 하다마는
춘설이 난분분하니 필동말동 하여라.

이렇게 매화꽃을 노래한다. 이 경우의 매화는 이른 봄에 눈이며 추위를 무릅쓰고 피어나는 도도한 자연의 기개를 상징한다.

매화를 읊은 시조는 또 있다.

백설이 잦아진 골에 구름이 험하구나
반가운 매화는 어느 곳에 피었는고
석양에 길 잃은 나그네 갈 곳 몰라 하노라.

휜 눈이 내리는 골짜기에 구름이 험하고 석양이 졌다는 것은 기울어가는 고려 왕조를 빗댄 표현이라고 한다면, 매화는 고려에 대한 충절을 상징하고 있다고 해도 좋을 것이다. 이 시조가 고려 말에서 조선으로 넘어가는 왕조 교체기를 산 대표적인 고려 유신 목은 이색의 시조라서 그런 생각은 더한층 절실해진다.

매화의 상징성이 이와 같아서, 퇴계退溪 이황李滉은

홀로 산으로 난 창窓에 기대니 밤빛이 차네

매화나무 가지 끝에 둥근 달이 떠오르고

굳이 부르지 않아도 산들바람이 불어오네

맑은 향기 절로 온 뜰에 넘치네.

이런 한시를 읊었다. 월매月梅, 곧 달빛에 드러나는 매화의 청아한 맵시와 그에 어울리는 소슬한 향에 빗대어 퇴계는 자신의 선비다운 기개를 읊었다. 매화는 선비의 정신 그 자체이기도 했던 것이다.

한편 매화는 별전別錢에서도 볼 수 있었다. 실제로 쓰이는 엽전이 아니고 정표情表나 기념으로, 가족끼리 또는 친한 사람끼리 주고받은 엽전에 새겨진 매화는 서로의 사랑을 또는 정을 다짐하는 구실을 맡았다.

(2) 국화

굳이 봄여름, 꽃들이 다투어 피는 꽃의 계절을 마다하고 가을에 피는 꽃, 찬바람에 설레고 서리와 어울려서 피어나는 꽃!

우리는 이렇게 국화에게 찬사를 바칠 수 있을 것이다. 그러면서

국화야 너는 어이 삼월동풍 다 지나고

낙목한천落木寒天에 너 홀로 피었느냐

아마도 오상고절傲霜孤節은 너뿐인가 하노라.

조선조의 영조 시대에 대제학을 지낸 이름난 문신, 이정보李鼎輔의 시조를 합창해도 좋겠다. 이 시조에서 국화는 낙엽이 지는, 추운 늦가을에 서리를 무릅쓰고 피어 있는 꽃으로 칭송받는다. 시련과 고난을 이기고 넘어서는 굽힘 없는 꿋꿋한 기개며 정신을 국화는 상징하고 있다. 그런 국화의 상징성은 현대의 시인에게도 이어진다.

서정주는 익히 알려져 있는 시 「국화 옆에서」에서 한 송이의 국화를 통해 국화의 상징성을 보여준다. 봄의 소쩍새 울음이 의미할 비통함과 여름의 천둥이 의미할 수난을 견뎌낸 끝에 국화는 피어났다. 그것도 한 여인의 그리움이며 아쉬움과 더불어서 피어났다. 뿐만 아니다. 무서리의 차가움을 삼키면서 피는 국화와 잠들지 못하는 시인의 번민이 짝하면서 국화의 상징성은 더욱 빛난다.

이렇듯이 국화는 간난과 시련을 끈질기게 이기고 마침내 거두는 보람을 상징한다.

(3) 모란

모란꽃 피는 유월이 오면
또 한 송이의 꽃 나의 모란
추억은 아름다워 밉도록 아름다워
해마다 해마다 유월을 안고 피는 꽃
또 한 송이의 또 한 송이의 나의 모란.

행여나 올까 창문을 열면
또 한 송이의 꽃 나의 모란
기다려 마음 졸여 애타게 마음 졸여
이 밤도 이 밤도 달빛을 안고 피는 꽃
또 한 송이의 또 한 송이의 나의 모란.

조두남이 곡을 붙인 가곡 「또 한 송이 나의 모란」에서 시인 김용호
는 이같이 모란꽃을 읊는다. 이 시에서 모란은 사랑의 징표로 꽃피었
다. 추억이듯이 기다림이듯이 모란을 노래한다.

한편 김영랑은 이와는 다른 상징성을 모란에 부여한다.

모란이 피기까지는
나는 아직 나의 봄을 기다리고 있을 테요

모란이 뚝뚝 떨어져버린 날

나는 비로소 봄을 여읜 설움에 잠길 테요

오월 어느 날 그 하루 무덥던 날

떨어져 누운 꽃잎마저 시들어버리고는

천지에 모란은 자취도 없어지고

뻗쳐오르던 내 보람 서운케 무너졌으니

모란이 지고 말면 그뿐 내 한 해는 다 가고 말아

삼백 예순 날 하냥 섭섭해 우옵내다

모란이 피기까지는

나는 아직 기다리고 있을 테요, 찬란한 슬픔의 봄을.

익히 사람들 입에 오르내리는 시 「모란이 피기까지는」은 물론 모란에 바치는 송가頌歌다. 오로지 봄의 정기며 아름다움 그 자체로 모란은 사랑받는다.

한데 시인은 모란을 기다리는 봄을 구태여 '찬란한 슬픔의 봄'이라고 읊는다. 찬란하면 슬프지 말고, 슬프면 찬란하지 말아야 한다. 그런데 이 시에서는 그 상식이 무너져 있다. 하지만 찬란해서 슬프고 슬퍼서 찬란한, 그 '찬란한 슬픔'이라는 모순어법은 이 시가 갖는 커다란 매력이다. 그리고 그 매력의 결정結晶으로 또 상징으로 모란은 피어난다. 그 매력은 모란이 지고 난 뒤에도 이울지 않는다.

이처럼 현대의 시인들이 모란을 노래하기 훨씬 이전부터, 까마득히 거슬러 올라간 과거에 이미 모란을 주인공 삼은 문학이 존재했다. 한자로는 '목단牧丹'이라고 쓰는 모란은 꽃 중의 꽃으로, 꽃의 왕으로 일컬어졌는데, 신라의 설총이 남긴 「화왕계花王戒」라는 짧은 글에서 화왕, 곧 꽃의 왕은 다름 아닌 모란이다.

어느 날, 화왕에게 장미가 찾아온다. 요란하고도 화사한 아름다움으로 치장한 요염한 아가씨는 갖은 달콤한 말, 아양 떠는 자태로 왕을 홀린다. 그리고 그 뒤를 이어서 백두옹白頭翁, 곧 할미꽃이 베옷차림으로 백발을 드리우고 화왕 앞에 나선다. 백두옹은 꾸밈없고 솔직한 말로 왕에게 충고를 한다. 그때서야 요염한 장미의 꼬임에 넘어갈 뻔한 왕이 자신의 잘못을 깨닫고 뉘우치게 된다.

이 우화에서 모란은 모든 꽃의 섬김을 받는 꽃의 왕을 맡고 있다. 신라 시대에는 모란을 주제로 삼은 또 다른 이야기가 전한다. 이야기의 주인공은 다름 아닌 선덕여왕이다.

당나라의 왕이 선덕여왕에게 선물을 보내왔는데, 모란이 그려진 그림이었다. 선물을 받아든 여왕은 곁에 있던 신하들에게 이렇게 말했다.

"보시오들, 이 아름다운 모란 꽃송이에는 나비가 한 마리도 없지 않소. 이상하지요. 당연히 나비들이 활짝 핀 모란을 에워싸서 날고 또 앉고 해야 할 텐데 이게 웬일일까요? 그건 말이외다. 당나라의 왕이 나를 놀리자고 든 것이오. 내가 홀몸임을 두고 비아냥거린 거지요. 꽃에는 으레 나비가 앉기 마련인데, '당신이 모란처럼 아름답다고 뻐겨보아야, 별수 없이 홀몸 아니냐'고 당나라 왕이 비꼰 것이오. 이게 당나라 왕이 이 그림에 담아서 내게 하고 싶은 이야기라오."

시치미 떼고 보내온 그림 한 폭의 숨은 뜻을 읽어낸, 선덕여왕의 영특함이 돋보인다. 그 영특함에 더해서 미모를 갖춘 여왕은 꼼수 없이, 순수하게 모란에 견주어도 손색이 없다. 그래서 선덕여왕을 통해서 모란의 찬란한 아름다움이 더한층 돋보이고 있다고 해도 좋겠다.

7. 난초

난초 그림을 보고 있으면, 문득 마음이 맑게 설렌다. 아니 소스라쳐 날기도 한다. 한국의 이른바, 수묵화 가운데서도 그 정수가 난초 그림이다. 선비의 기상이며 정신의 상징으로 난초 그림은 빛난다. 실제로 난초는 그 가느다랗게 뻗은 잎이 날쌔다. 휘날리는 듯하다. 뾰족한 잎끝은 사뭇 날렵하다. 예리하다. 옛 선비들은 난초의 잎에 자신들의 마음을 비추어 보곤 했다. 많은 화초 가운데서 그 잎으로 모습을 뽐낸 것은 오직 난초뿐이다.

그런 난초를 시로 옮기면 어떻게 될까?

조선 중기의 여류시인 허난설헌은 「난향蘭香」이라는 시에서 난초의 빼어남을 이렇게 읊었다.

　그 누가 알리요 그윽한 난초의 푸르름과 향기

　세월이 흘러도 은은한 향기 변치 않는다네

　세상 사람들이 연꽃을 더 좋아한다 말하지 마오

　꽃을 한번 터뜨리면 온갖 풀의 으뜸이오니.

　난초를 사랑하기는 현대 시인들도 마찬가지다.

　「난초」라는 시에서 신석정은 난초를 두고서 '고결한 성품', '청담한 풍모'를 언급하여 난초와 '살고 싶다'고 시를 끝맺는다.

　뿐만 아니라 시조시인 이병기는 「난초 4」에서 난초를 기리면서 '본래 그 마음은 깨끗함을 즐겨하여'라고 묘사한다. 이 시에서 난초는 정갈함과 청초함을 상징하는 것이다.

　이렇듯 난초에 바쳐진 시는 편수로 따지자면 엄청나다. 원래 꽃을 주제로 한 시들이 워낙에 많다. 수많은 종류의 꽃이 존재하는 만큼 그 빛깔이며 모양새도 매우 다양하기 때문이다. 어느 것이나 서로 같은 일가붙이라는 사실이 믿기지 않을 정도이다. 그런 중에 난초는 오직 잎만이 그 모양새로 인해 시로 노래되고 그림으로 그려진다.

　이 점은 정지용의 「난초」에서도 확인된다.

난초잎은

차라리 수묵색

난초잎에

엷은 안개와 꿈이 오다.

난초잎은

한밤에 여는 담은 입술이 있다.

난초잎은

별 빛에 눈떴다 돌아눕다.

난초잎은

드러난 팔굽이를 어쩌지 못한다.

난초잎에

적은 바람이 오다.

난초잎은

춥다.

이처럼 정지용은 난초를 다루되, 오직 잎만을 두고 노래한다. 시인
이 난초잎에 바람이 불고 그래서 난초잎이 춥다고 읊을 때, 그 감정

이입, 이를테면 노래하는 사람의 감정이 노래되는 대상물에 옮겨지는 바로 그 감정이입은 난초잎의 청초함과 정갈함 그리고 섬세함을 시인 자신과 동일시하며 얻어진다. 또한 시인이 난초를 수묵색이라고 노래할 때, 난초는 옛 선비들의 문인화에 그려져 고고한 기개를 상징하던 그 난초 그대로다.

1. 그네와 널

그네는 날고 널은 뛴다.

높은 파도가 치듯이 새가 날갯짓하듯이 하늘을 나는 그네, 쩌당 쩌당 대지를 울리면서 하늘 중천으로 솟구치는 널. 신명이 날고 신바람이 뛴다. 그네는 그렇게 날고 널은 그렇게 뛴다. 날고 뛰기, 그게 그네이고 널이다.

쿵덕쿵 쿵덕쿵 널뛰는데

싸래기 받아서 닭 주고
왕겨를 받아서 개 주고
종드래기 옆에 차고
하늘의 별 따러 가자.

〈널뛰기 노래〉라는 오래된 민요는 이처럼 노래한다. 흥겹게 노는 한편으로 집안 간수, 살림 걱정에 마음이 쓰이기도 한다. 놀이와 실생활이 한 덩어리로 어울려 있는 게 눈에 띈다. 그런 중에도 짚 바구니(종드래기) 옆에 차고 하늘에 오르자고 기를 쓴다. 여인네가 이런저런 집안일에 부지런을 떠는 그만큼, 하늘로 치솟는 신명을 누리게 됨을 노래하는 것이라 해도 맞겠다. 널뛰기는 하늘 날기다.

여러 고을에 전해진 민요는 그렇게 널뛰기를 노래하고 있는데, 그런 민요를 닮은 창작 동요도 있다.

발을 굴러 쿵더쿵 널뛰기 하자구나
높이높이 올라라 솟아올라라
하늘 높이 올라서 달 따오너라
내릴 때는 힘차게 발을 굴러라
내가 발을 구르면 너는 오르고
하늘 높이 올라서 달 따오너라

나는 올라 별 따고 너는 달 따고

달 봤다 별 봤다 달 따고 별 따고.

이은실이 곡을 붙이고 공병호가 가사를 붙인 〈널뛰기〉라는 국악
동요이다. 이렇게 널뛰기를 하면서, 젊은 여인네는 달 보고 별 보고,
달 따고 별 따고 했다. 충천衝天이란 말 그대로 하늘 찌르고, 용천聳天
이란 말 그대로 창공으로 훌쩍 뛰어오르는 것이 널뛰기다.

그 옛날 전통 한국사회의 여성들, 평소에 웅숭크리고 눌러져 살았
던 여성들, 그래서 개미와 같고 땅벌레와도 같았던 신세의 여성들이
나비가 되고 매가 되고 하는 것이 널뛰기였다. 그래서 널뛰는 그 순
간만은 별 따고 달 따고 할 수 있었다.

안채, 안방에 갇혀서 기다시피 세상살이하던 그들에게 널뛰기는
일시적이긴 하지만 일종의 반란이며 혁명을 상징할 수도 있었다. 인
생의 비상구요 탈출구 같은 것이었다. 그런 면은 그네타기에서 한층
더 강화된다. '뛰는 놈 위에 나는 놈 있다'고 한 속담 그대로 젊은 아
리따운 여성들은 그네를 탔다. 그네를 타고는 날고 또 날았다. 그러
다 보면 병아리가 문득 독수리가 되는 순간이 찾아오기도 했다.

세모시 옥색 치마 금박 물린 저 댕기가

창공을 차고 나가 구름 속에 나부낀다

제비도 놀란 양 나래 쉬고 보더라.

한 번 구르니 나무 끝에 아련하고
두 번을 거듭 차니 사바가 발 아래라.
마음의 일만 근심은 바람이 실어가네.

김말봉의 시에 금수현이 곡을 붙인 〈그네〉라는 멋쟁이 가곡이다. 대표적으로 불리는 그네 노래이다. 가령 녹의홍상, 이를테면 연두 저고리에 다홍 치마 차림으로 처녀가 댕기그네를 타고 있을 때, 그것은 바람에 휘날리는 화려한, 커다란 꽃송이가 될 것이다. 이는 일상생활에서 짓눌려서만 살아오던 가엾은 여인네들, 웅크리고 쪼그리고 짜부라져서 목숨 부지해오던 여인네들로서는 위대한 자유와 해방을 상징한다. 그것은 신명 부리기이고 신바람 내기였다. 설날이며 대보름이며 단오 또는 추석 같은 명절을 틈타서 마음껏 부리댄 신들림이었다. 엑스터시라고 해도 좋을, 황홀한 도취가 그네타기였다.

해서 『춘향전』이 춘향과 이몽룡, 두 남녀의 사랑의 결정적인 계기를 그네에서 잡아낸 것은 매우 그럴싸하다.

서정주 시인의 「추천사」라는 시에서 시인은 춘향으로 하여금 그네타기를 즐기게 한다. 춘향은 시중을 들고 있는 향단에게 '채색한 구름같이' 밀어 올리고, '바람이 파도를 밀어 올리듯이' 밀어 올리라고 소리친다.

그렇게 그네를 타고 있는 춘향에게 이몽룡은 한눈에 반하고 만다. 그래서 두 사람이 짝을 짓는 계기가 마련된다. 조선 시대에 젊은 남녀 사이의 자유연애는 상상도 못할 일이었다. 한국 에로스의 역사에서 새로운 기원을 그은 이몽룡과 춘향 사이의 사랑은 결국 그네로 해서 이루어진 것이다. 춘향의 그네는, 그 하늘 날기의 그네는 사랑의 동기를 상징한다. 남녀 간 에로스의 도취를 상징한다.

2. 길

길이라면 그 종류가 적지 않다. 평지 길은 말할 것도 없고 한길에 샛길에 지름길에 산길에 고갯길에 비탈길, 그리고 외진 길, 멀고 가까운 길 등등 하고많다. 대도시에서 볼 수 있는 대로大路가 있는가 하면 소로가 골목과 함께 쪼그리고 있기도 한다.

한데 길은 가고 또 가야 하는 것, 가고 넘고 하는 게 길이다. 속담에 '길 아니면 가지 말고 말 아니면 탓하지 말라'고 했다. 이때의 길은 옳고 바른 것, 정당한 것을 나타낸다. 마땅히 가야 하는 게 길임을 뜻한다.

그래서 길은 도리道理와도 통한다. 사람으로서 지켜 마땅하고 실천해서 마땅한 진리며 이치라는 뜻의 도리와 길은 그 의미가 통하게 된다. 그런 것이 바로 길의 상징이다.

그런가 하면 '길을 떠나려거든 눈썹도 빼어놓고 가라'는 속담도 있다. 길 떠나서는 작은 짐조차도 주체하기 힘겹다는 뜻이다. 바른 길, 옳은 길 가기가 그토록 힘겹다는 의미이기도 하다.

이렇듯이 여러 속담에서 길은 가서 마땅한 것, 가고 또 가야 하는 것을 의미한다. 인생을 살아가는 과정에서 치르고 겪고 해야 할 절차며 경과를 상징한다. 인생길이란 말이 있듯이 인생 그 자체가 길인 셈이다. '인생행로人生行路'란 말도 같은 맥락이다. 이 말은 인생 그 자체가 아예 행로임을 일러준다.

사람은 누구나 걷기 시작하는 나이가 되면서 절로 '길손'이 된다. 인생이란 길을, 세상이란 길을 걸어가야 하는 사람이 된다. 그러다 보니, 삶의 여러 국면이, 사노라면 겪고 당하는 일들이 길이란 말에 기대게도 된다.

'사람으로 갈 길이 아니다'라고 할 때, 길은 도리이며 책무를 의미한다. '그를 이길 길이 없다'라고 할 때의 길은 방법이나 수단이다. 이처럼 길에는 여러 갈래의 상징이며 뜻이 엉겨 있다.

길을 도로道路라고도 한다. 한데 로路는 어디까지나 걸어 다니는 길이나 차가 다니는 길이지만, 도道는 사뭇 다르다. 도는 길을 가리키는 한편, 앞에서도 말한 대로 도리의 도이고 법도法道의 도, 그리고

도의道義의 도이기도 하다. 여기에서의 도는 진리나 원칙을 의미한다. 또한 수도修道의 도라고 할 때는 궁극적인 진리를 가리킨다. 한데 우리말, 길은 이 모든 도의 의미를 포함하고 있다.

이처럼 길은 발로 걸어 다니는 길만이 아니라 사람으로서 그 마음이며 정신이 가리고 지키고 해야 할 길까지도 의미한다.

그런데 길은 가기만 하는 것은 아니다. 열림이고 통함이기도 하다. 가령 '사통팔달四通八達', 말하자면 사방으로 통하고 팔방으로도 통함을 말할 때, 길은 세상이 서로 열려서 이어져 있음을 가리킨다. 교통이며 교통수단이 바로 길이란 말에 담기게 된다. 세상을 하나로 통하게 하는 것이 곧 길이다. 길로 해서 세상은 열린다.

옛날 동화가 그려내고 있는 길은 그래서 새삼 돋보인다. 동화의 어린 주인공은 어느 날, 문득 홀로 길을 나선다. 어린 주인공은 과객이 되고 길손이 된다. 그가 가는 길은, 한 번도 가본 적이 없는 낯선 길이다. 무엇인가 찾아 나선 것이라고 해도 자신이 찾고 있는 대상의 정체조차 모른다. 말만 들었을 뿐이다. 뿐만 아니다. 어디 있는지, 어떻게 가야 할지도 모른다. 무엇인가를 찾아 나설 때, 절대로 필요한 세 가지 정보가 하나도 없는 셈이다. 그야말로 암중모색이고 소경의 길 가기 같은 것이다. 그렇게 낯설고 험한 외딴 길을 어린 주인공은 혼자서 간다. 고개 넘고 산을 넘고 하면서 간다. 무수한 고개를 오르고 내리고 해야 한다. 그나마 겨우 한 고개 넘었는가 싶으면 곧장 또 다른 오르막이 나타난다. 그것이 자꾸만 겹쳐진다. 동화의 꼬맹이 주인공은 첩첩고개, 굽이지고 휘어지고 하는 길을 더듬다시피 하면서 가고 또 간다. 강 건너고 산 넘어서 간다. 그런데도 그에게는 길라잡이는커녕 이정표도 없다. 캄캄 어둠 속을 가는 것이나 진배없다.

이런 동화의 길은 가르치는 바가 사뭇 절실하다. 우리들에게 삶의 길이, 인생길이 어떻다는 것을 일러주고 또 상징한다. 몇 겹으로 앞을 가로막고 나서는 고개는 말할 것도 없이 장애를 상징한다. 그런 고개가 줄줄이 끝도 없이 이어지는 길은, 인생 그 자체가 난관 넘기이고 장애물 넘기임을 뜻한다.

한데 길이 강이나 시내를 가로질러서 나 있으면 다리가 놓이기 마련이다. 하다못해 징검다리라도 놓여야 한다. 물 건너 이쪽저쪽을 이어주는 게 다리의 구실이라서 사람과 사람 사이에서도 '다리 놓는다' 또는 '다리를 잇는다'는 말이 곧잘 쓰인다. 그럴 때, 다리는 두 사람 사이에 관계가 생기는 것을 의미한다. 한자말인 교량橋梁도 같은 뜻으로 쓰인다. 그래서 다리는 사이 메우기를 상징하게 된다. 이 '다리'에 관해서는 뒤에서 좀 더 자세히 살펴볼 작정이다.

3. 고개

앞에서도 말했듯이, 동화 주인공이 가는 길에는 으레 고개가 있다. 가파르고 비탈진 고개가 꼬불대기 마련이다. 비단 동화에서만이 아니다. 실제로도 사람들은 길을 걷다 보면 고개를 넘어야 할 때가 있다. 뿐만 아니다. 인생살이에서도 다들 고개 넘고 재를 넘어야 한다. 그런데 참 묘하게도 온갖 고됨을 무릅쓰고, 다리 아프고 허리 저림을 견디면서 고개며 재를 오르내리는 것이야말로 먼 길 가기의 보람이라고 할 수 있다. 고개 없고 재 없으면 길은 너무 단순해져서 멍청이가 될지도 모른다.

우리 강토의 재로는 문경새재가 단연 내로라한다.

문경새재는 웬 고갠고
구부야 구부구부 눈물이로구나
청천 하늘엔 잔별도 많고
우리네 가슴속엔 희망도 많다.

이렇듯이 〈진도 아리랑〉이 노래하는 새재, 수심에 잠기고 눈물에 마음이 저리는 그 새재는 영남과 기호 지방을 가르고 솟아서 그 길이도 상당하고, 관문만 해도 셋씩이나 버티고 있다. 영남 지방의 옛 선비들은 과거 시험 치르기 전에 예비 시험 치듯이 새재를 넘어야 했다. 새재 넘기가 과거 붙기의 기틀이었던 셈이다.

재를 읊은 노래는 이에 그치지 않는다.

천등산 박달재를 울고 넘는 우리 님아
물항라 저고리가 궂은비에 젖는구려
왕거미 집을 짓는 고개마다 굽이마다
울었소 소리쳤소 이 가슴이 터지도록.

반야월이 가사를 붙인 대중가요 〈울고 넘는 박달재〉에 등장하는 충청북도 박달재에는 울고 넘는 눈물의 고개다운 전설이 굽이친다. 한양으로 과거 보러 간 박달을 기다리다 못해 금봉 아가씨는 그만 상사병으로 죽고 만다. 그런 줄도 모르고 애써서 돌아온 박달은, 가신 임에 대한 그리운 정을 이기지 못해 스스로 낭떠러지 아래로 몸을 던진다.

한편 강원도 대관령에는 '원울이재'라는 묘한 이름의 재가 있는데, 한자로는 '원읍현員泣峴'이라고 한다. 원울이재에는 고을 원님이 강릉으로 부임할 때는 재를 넘으며 험해서 울고, 강릉을 떠나게 될 때는 그곳 사람들의 인정과 경치와 헤어지기 싫어 울었다는 전설이 전해진다. 눈물의 고개인 셈이다. 그것은 〈정선 아리랑〉이

아리랑 아리랑 아라리요

아리랑 고개로 나를 넘겨주소

아리랑 고개는 무슨 고갠고

굽이야 굽이가 눈물의 고개.

라고 탄식할 때도 마찬가지다. 이 '아리랑 고개'는 우리들 한국인의 목숨살이며 인생살이의 중턱에 우뚝하니 하늘 찌를 듯이 도사린 난 관이며 고난을 가리킨다. 그래서 우리 겨레의 인생은 첩첩 산이었던 것이다.

한데 재나 고개에는 같은 뜻의 한자말이 몇 가지 따라붙는다. 령嶺 이 있는가 하면 현峴도 있다. 령으로는 강원도의 대관령을 비롯해서 한계령, 미시령 등이 단연 우뚝하지만 경북과 충북을 가르고 솟은 추 풍령도 만만치 않다. 그런가 하면 치峙도 재나 고개를 뜻하는데, 이 때의 치는 '티'로 소리 나기도 한다. 가령 우리나라 곳곳에 있는 대티 고개의 대티는 원래 한자로는 대치大峙인 것을 보기로 들 수 있다.

구름도 자고 가는

바람도 쉬어 가는

추풍령 굽이마다 한 많은 사연

흘러간 그 세월을 뒤돌아보며

주름진 그 얼굴에 이슬이 맺혀

그 모습 그립구나 추풍령 고개.

전범성이 노랫말을 지은 배호의 대중가요 〈추풍령〉은 한과 서러움을 안은 추풍령의 굽이를 이렇게 노래한다.

여러 가지 이름으로 불리는 재는, 그리고 고개는 힘겨운 길목이나 난관 또는 길 가기의 고통을 상징하지만, 다른 한편으로 이전에는 미처 몰랐던 새로운 경지나 세계로 가는 길목을 상징하기도 한다. 고개의 두 가지 상징은 서로 반대의 의미를 갖지만, 그 두 의미가 서로 합쳐지면서 고개가 우리들 삶에서 무엇인지를 말해준다.

땀 뻘뻘, 휘적휘적 힘들여 올라선 고갯마루에서 훤히 트인 사방을 내려다볼 때의 감동, 그것은 큰 뜻을 이룩한 사람의 몫으로 보람차기만 할 것이다.

4. 나무

하늘 높은 줄 모르고 솟은 나무!

이는 거수巨樹, 곧 높고 커다란 나무를 두고 하는 말이다. 그런 나무를 '정정亭亭하다'고도 일컫는다. 우람하게 솟아 있다는 뜻이다.

그렇듯 정정한 거수가 마을 가까운 곳에 있다면 흔히 서낭나무 또는 정자나무가 되기 마련이다. 대개는 마을 앞에 솟아서, 해를 가려주는 우람한 정자나무는 마을사람들의 쉼터가 된다. 이때의 거수는 마을 공동체의 안식을 상징한다.

그런가 하면 뒷산 기슭에 우뚝 솟은 서낭나무에는 마을을 지켜주는 산신이나 서낭신이 깃들어 있다고 믿었다. 그래서 신목神木, 이를테면 신의 나무라고도 불렸을 정도로 신령스러움을 상징했다. 당연히 이런 나무는 이른바 '수목신앙'의 대상이 되었다. 그런 서낭나무에는 하늘에서 신이 내리고 신령이 깃들어 있다고 믿어졌다. 그랬기에 서낭나무 같은 거수는 하늘과 땅을 이어주는 구실도 맡아 했다.

'해와 달이 된 오누이'라는 설화에서 우리는 하늘과 땅을 잇는 매개체의 역할을 하고 있는 나무를 만날 수 있다. 어린 오누이는 자신들을 잡아먹으려는 호랑이를 피해 집 근처의 높은 나무를 타고 오른다. 나무를 타고 기어올라, 오누이는 살려달라고 하늘에 빈다. "우리를 살려주시려면 새 동아줄을 내려주시고 우리를 죽이시려면 썩은 동아줄을 내려주세요." 그러자 하늘에서 굵은 밧줄이 내려오고, 오누이는 그걸 부여잡고 하늘로 오른다. 이를 본 호랑이도 줄을 내려달라고 하늘에 비는데, 썩은 동아줄이 내려온다. 호랑이는 그걸 타고 하늘로 오르다가 땅바닥에 꼬꾸라져서 죽는다.

이렇듯 나무의 상징은 오래전부터 우리 곁에서 때론 안식으로 때론 신앙으로 때론 하늘과 땅의 매개체로 다양하게 존재해왔다. 그렇다면 나무의 상징은 보다 구체적으로는 어떤 모습을 띠고 있을까.

(1) 당산나무

당산堂山은 한 고을, 한 마을의 지킴이신을 모신 성역이다. 따라서 당산에는 마을의 수호신을 모신, 신단神壇 또는 신당神堂이 자리하고 있다. 당산이 어느 특정 지점이 아니고, 바로 고을의 수호신인 고을 지킴이를 모신 단壇이나 작은 건조물을 가리킬 때는 서낭당, 산신당, 도당 등 여러 이름으로 불리기도 한다.

당산은 한 마을 안의 비교적 야트막한 언덕 또는 산기슭이나 더러는 낮은 작은 봉우리에 위치한다. 둘레가 숲으로 싸여 있어 마을과는 저절로 구별되기에 다소곳한 성역이라는 느낌이 든다.

그런 당산의 핵심이 바로 당산나무다.

당산에 작은 당집이 있거나 신줏돌이 자리한 형태는 흔히 볼 수 있는 편이다. 그러나 이처럼 당산이 반드시 당집이나 신줏돌, 곧 신으로 섬겨진 돌이나 바위와 짝지어져 있는 것만은 아니다. 독자적으로 나무만이 신목으로, 이를테면 신의 나무로 섬겨지는 경우도 있다.

당산나무는 신격화된 나무다. 신목이고 신주나무다. 마을 지킴이 신이 깃들어 있어서 모셔지기도 하지만, 더러는 마을 또는 고을의 지킴이 그 자체로 승화되기도 한다. 접신목接神木이기도 하지만 그 스스로 신주로 승격되기도 하는 것이다. 그래서 당산나무는 거룩한 성수聖樹다.

당산나무는 그 자체가 신앙의 대상으로 신격화될 뿐만 아니라 당산의 중심에 겸해서 마을의 중심축으로 승화되기도 한다. 여기에서 당산나무와 마을 공동체의 연관성이 드러난다. 이럴 경우, 한 마을 또는 공동체의 정자나무를 겸한 신목이 있을 수 있다. 정자나무는 한 지역의 공동체가 그 공동체다움을, 한 동아리다움을 향유하는 구심체가 된다.

그래서 당산 자체는 세계의 중심 또는 우주의 중앙에 위치하는, 마을의 세계산 또는 우주산이라고 간주된다. 이는 단군신화에서 태백산이 갖는, 또는 가야국신화에서 구지봉이 갖는 면모며 성격과 맞통한다. 각개 마을의 당산은 그 나름으로 작은 태백산이고 작은 구지봉인 셈이다.

당산은 그 자체가 필연적으로 하늘 세계와 지상 세계를 잇는 매개체가 되기도 한다. 하늘에서 내려오는 신의 분부를 직접 받아서 고사를 드리고 굿을 올리는 제단이 된다.

한데 단군신화에서는 우주산에 당산나무가 솟아 있다. 그것을 신화에서는 신단수(『삼국유사』에서는 神壇樹, 『제왕운기帝王韻紀』에서는 神檀樹)라고 일컫는다. 단순히 신내림의 박달나무로 간주될 수도 있지만, 신수神樹인 박달나무가 단국檀國이라는 나라 이름의 기틀이 되고 단군檀君이라는 군주 칭호의 기틀이 되었음에 유념해야 한다.

『삼국유사』와 『제왕운기』에서 '신단'이 각각 神壇과 神檀으로 달리 표기되어 있는 점은 그 의미가 각별하다고 할 수 있다. 어느 한쪽이 잘못 표기한 것이라고 볼 수는 없다. 왜냐하면 신을 모시는 단壇은 많은 경우, 신목神木과 짝지어진 후세의 마을 신앙의 본보기를 하기 때문이다. 그 신목이 다름 아닌 박달나무, 곧 단檀이라면 한 성역을 두고 神壇으로 또는 神檀으로 인식될 수 있고 따라서 두 낱말이 병기併記될 수 있다.

신단수는 한 나라의 정치 체제의 중추였고 아울러 종교며 신앙의 중추이기도 했다. 속俗과 성聖의 양면에 걸쳐서 중심이었다. 고조선의 당산나무인 신단수의 비중은 정치에서나 신앙에서나 절대적이었다. 신단수라는 당산나무는 우주산의 소슬한 봉우리에 솟아 있는 세계의 축軸이고 기둥이었다. 그것은 하늘을 떠받들고 하늘과 땅을 이어주는 '우주나무'이고 '세계나무'였다.

단군의 아버지인 환웅은 하늘에서 신단수 아래로 강림했다고, 바꾸어 말하자면 내림했다고 하는데, 이것에 기대어서 그가 신단수를 타고 하늘에서 강림했다고 읽는 것도 충분히 가능하다. 그렇다면 우주나무 또는 우주축을 타고 하늘과 땅 사이를 내왕한 인물은 다름 아닌 환웅이 될 것이다.

수직으로는 천상 세계와 지상 세계를 이어주는 축이며 기둥이 곧

둘째 대목, 상징의 갖가지 모습들, 모양새들

당산나무이다. 수평으로는 전후며 좌우, 네 방위의 한복판을 차지하고 있는 기둥이자 축이 곧 당산나무다. 당산나무가 우주나무 또는 우주축이라고 일컬어질 수 있는 근거를 이에서 찾게 되거니와, 후세의 모든 당산나무는 이 신단수의 후손이 된다. 신단수는 우주나무 또는 세계축으로서 당산나무의 원형인 셈이다. 한 마을의 당산나무는 각각 그 마을의 신단수이다.

세계의 중심에 솟은 중추로서, 지상에서 하늘을 떠받드는 축으로서, 천상 세계와 지상 세계를 이어주는 기둥으로서 우리의 당산나무는 경건하게, 거룩하게 우거져 있다.

(2) 소나무와 대나무

나무에는 종자가 하고많다. 수백 가지, 수천 가지가 될지도 모른다. 언뜻 생각나는 것만 해도, 침엽수나 활엽수는 서로 다르다. 상록수는 낙엽수와는 정반대다. 관목은 난쟁이고 교목은 키다리다. 가로수는 산을 등지는 팔자를 타고났지만 여전히 나무로 자처한다. 게다가 잡목도 있다. 잡목이라니, 어쩌다 그런 오명을 쓰게 되었을까? 이렇듯이 나무에도 오만 가지 종류가 있다.

그런 중에 이 땅에서 오랜 역사에도 변함없이 줄기차게 융숭하게 대접을 받아온 나무가 있다. 대접 정도가 아니라, 아예 존경을 받아왔다고 해도 맞는 말이다.

그 귀하신 나무로는 소나무와 대나무 그리고 매화나무를 들 수 있다. 송松과 죽竹, 그리고 매梅. 이들은 한국 나무의 삼걸三傑이다. 세 스타들이다.

솔이 솔이라 하니 무슨 솔인 줄로만 아난다
천길 절벽 위의 낙락장송落落長松 그 내로다
길 아래 초동樵童의 낫이야 걸어볼 줄 있으랴.

조선의 이름난 기생인 송이松伊는 스스로를 천길만길 높고 높은 절벽, 깎아지른 그 절벽 위에 솟은 커다란 소나무라고 자부한다. 대단한 기상인데, 이 시에서 그 기상은 상대적으로 사내들을 깔봄으로써 한층 더 높아지는 셈이다. 그녀는 기생을 만만히 여기고 덤벙대며 덤비는 양반 사내들을 아예 초동, 곧 어린 나무꾼이라고 얕잡아본다. 그래서 송이는 스스로 소나무로 자처하면서 자신의 높은 기개며 의지를 드러낸다.

그런 소나무의 상징성은,

이 몸이 죽어 가서 무엇이 될고 하니
봉래산蓬萊山 제일봉第一峯에 낙락장송落落長松 되었다가
백설白雪이 만건곤滿乾坤할 제 독야청청獨也靑靑하리라.

이 같은 성삼문成三問의 시조에서도 빛난다. 사육신으로 생을 마감하는 순간에 그는 감연히 자신을 소나무에 견준다. 선비의 지조를 상징하는 소나무에 자신을 비유한 것이다. 백설이 온 천지를 뒤덮은 속에 홀로 푸른 소나무는 그 상징성을 더욱 강조한다.

한데 그런 소나무는 간혹 대나무와 비교되기도 한다. 조선의 4대 문장가의 한 사람으로 알려진 이식李植의 시「송죽문답」에서도 그런 점이 잘 드러난다.

바람과 눈이 온 산골짝을 메웠는데
나는 능히 굳건하게 머리를 들고 있나니
비록 꺾일지언정 굽히지는 않는다.

소나무가 이렇게 기세등등 우쭐대자, 대나무가 맞받는다.

고고할수록 꺾러지기 쉬운지라
나는 오직 푸른빛 고이 지키나니
머리 숙여 바람과 눈에 몸을 맡긴다.

소나무와 대나무가 주고받는 이 대화에서 둘은 그야말로 막상막하다. 서로 어금지금하다. 대나무의 푸름은 변하지 않는 절개를 상징한다는 점에서 소나무와 비슷하면서도 또 다르다.

그래서 대나무는 매화, 국화, 난초와 더불어 예로부터 '사군자四君子'라고 칭송되었고 곧잘 미술 작품의 소재가 되곤 했다. 위진魏晉 정권교체기에 어진 선비들의 모임인 '죽림칠현竹林七賢'이 이름을 떨친 이유도 대나무가 상징하는 군자의 정신 때문이었다.

이렇듯 옛 사람들은 나무들 중에도 소나무와 대나무를 유독 좋아했다. 아니 높이 떠받들었다. 그래서 다들 소나무처럼, 대나무처럼 자신들의 사람됨을 가꾸고자 애썼다. 소나무처럼 곧고 대나무마냥 푸른 마음을 간직하게 되기를 소망했다. 그래서 자신들의 지조며 절개가 소나무에 견주어지고 혹은 대나무에 견주어지기를 바랐다. 이는 요즘 우리들로서는 드문 마음가짐인 듯하여 애달프다.

짐승만도 못한 것!

욕이고 악담이다. 이때의 짐승은 흉측하고 망측한 것을 가리킨다.
못되고 고약하다는 의미이기도 하다. 한자말로는 짐승을 축생畜生이
라고 하는데, 이 말은 짐승을 뜻하면서 동시에 짐승만도 못한 사람을
가리키기도 한다. 일본 사람들은 짐승[畜生]을 '치쿠쇼ちくしょう'라고
읽는데, 이 말은 곧 사람을 개짐승처럼 얕잡아보는 악담이고 욕지거
리이다.

크게 말해서 동물은 그런 것이다. 하지만 짐승은 그 종류에 따라서
뜻하는 바가 여럿으로 갈라지기도 한다. 귀엽고 앙증맞은 게 있는가

하면 요상하고 앙칼진 것도 있다. 으르렁대는 공포로 피하고 싶은 것이 있는 반면 벗하기 좋은 단짝쯤으로 대접받는 것도 있다. 동물의 상징은 그래서 갖가지로 다양하다.

1. 토끼

가령 토끼라면, 윤석중이 동시 「옹달샘」에서 '눈 비비고 일어나 세수하러 왔다가 물만 먹고' 간다고 묘사한 것처럼 귀염과 깜찍함의 상징이 되고도 남는다.

이에 더해서 토끼는 재빠르고 날쌔기 마련이다. 거기다 약삭스럽기도 한 게 토끼다. 가령 고전소설인 『토끼전』(또는 『별주부전』)에서 자라에게 꾀여 수궁으로 간 토끼는 용왕의 병을 고치는 약으로 쓰도록 생간을 내놓으라고 닦달질당한다. 그러자 토끼는 꾀를 부린다. 하도 제 생간을 탐내는 자들이 많아서, 쓸개와 함께 간을 꺼내 깨끗이 씻어서 깊은 곳에 숨겨두었는데, 자라와 함께 되돌아가서 가져오겠노라고 능청을 떤다. 그래서 결국 위기를 면하는데, 이때의 토끼는 영리하고 꾀바름을 상징한다. 이와 대조적으로 자라는 우둔하고 미련함을 나타낸다.

'토끼 간을 내먹을 놈!' 이라는 거친 욕은 아마도 『토끼전』으로 말

미암아서 생겨난 것 같지만, 예사로는 못할 흉악한 짓을 하는 사람을
두고서 하는 말이다.

2. 개와 강아지

한데 개를 두고서도 욕이 내뱉어지곤 한다.

'이 개짐승만도 못한 것!'

'이 개 같은 놈!'

흔하게 쓰이는 이 욕은 개가 듣기에 억울하지 않을까. 한집안 식구
같기도 한 데다 집지킴이 역할도 하는데 욕을 먹으니 원통할 것이다.

'개도 주인을 알아본다.'

'개를 따라가면 측간으로 간다.'

이렇듯이 개와 관련된, 거의 대부분의 속담에서 개는 제대로 대접
을 못 받는다. 뭔가 못마땅하고 바림직하지 못한 것의 비유에는 개가
자리한다.

'개 꼬리 삼 년 두어도 황모 못 된다.'

이 속담에서는 개가 욕을 먹진 않아도 그렇다고 칭찬받는 것도 아
니다. 황모黃毛란 족제비의 꼬리털을 가리키는데, 그 털은 붓으로 쓰
인다. 그런데 개 꼬리털은 아무짝에도 소용 없다는 뜻이니, 개는 꼬

리도 천대를 받는 셈이다. 천덕꾸러기가 바로 개다.

그러나 강아지라면 으레 귀염둥이로 비유되는 것은 개로서는 여간 다행이 아니다. 실제로도 개는 사람들이 가정에서 기르는 애완동물 중 가장 대표적인 동물이다. 귀염둥이와 욕지거리 사이를 오락가락하고 있는 게 개다.

들짐승이나 산짐승 가운데서도 상징적인 의미를 갖춘 보기를 찾을수 있다. 여우, 너구리, 사슴, 호랑이, 곰 등이 이에 속한다. 흉한 상징성을 가진 동물이 있는 반면에 길한 상징성을 간직한 동물도 있는데, 물론 그 양자를 겸한 동물도 있다.

3. 여우

여우는 대단한 괴물이다. '여우비'라면 대낮에 해가 쨍쨍 내리쬐는 중에 난데없이 쏟아지는 소낙비이다. 정체불명이고 변화무쌍해서 요망하기 짝이 없는 동물이 바로 여우다.

우선 그 꼬락서니부터 보자. 땅바닥에 끌리는 긴 꼬리, 잘록한 허리, 그리고 날카로운 눈매와 뾰족한 주둥이 등등, 그 모양새부터가 앙칼지고 얄밉다. 거기다 성질이 교활하고 요상하고 방정맞아서, 여우짓 이야기를 듣는 사람은 으레 눈살을 찌푸리기 마련이다.

한 소년이 혼자 먼 길을 떠난다. 가다가 날이 저물었는데 마침 외딴집을 발견해 하룻밤 묵어가기를 청했다. 집주인 할머니는 기꺼이 허락했다. 방에 든 소년은 지친 탓에 깜빡 잠이 든다. 한데 잠결에 부엌에서 이상한 기척이 났다. 문틈으로 내다보니, 커다란 여우가 도마를 칼로 치면서 중얼대는 것이 아닌가!

"저 녀석, 살을 발라 고기만 먹을까? 뼈째로 먹을까?"

아까 할머니가 부엌으로 나가는 걸 보았는데, 이게 웬 영문인가. 여우가 할머니로 둔갑했다가 다시 여우로 돌아간 게 틀림없었다. 소년은 냅다 도망질을 쳤다.

옛날 동화가 그려 보이는 늙은 여우가 대체로 이러했다.

한데 여우의 그 같은 못된 성질머리는 불여우와 구미호에서 더한층 두드러져 나타난다. 꼬리가 자그마치 아홉이나 달린 구미호는 전설에 자주 등장하는데, 보통 요괴가 아니다. 또한 불여우는 과거 한국의 전 지역에서 서식했던 토종여우인데, 그 털이 별스레 불그레한 탓에 그 이름에 '불'이란 자가 붙었다. 한데 참 묘하게도 이들 여우의 변덕스러움과 요망함의 속성은 하필이면 모두 여자에게 빗대어져 있다. '여우 같은 여자'란 말은 그래서 생겨난 것이지만, 이에는 사내들의 편견이 뒤엉겨 있는 셈이다. 한국의 페미니스트들로서는 심히 못마땅한 말들이 아닐 수 없다.

그런데 사내들이 여성들을 여우로 견주는 것과 나란히 이 땅의 여성들은 남성들을 늑대에 견주어왔다. 다 같이 갯과의 네 발 짐승이지만 요상한 것의 상징이 여우인 데 비해서 사나운 것의 상징은 다름아닌 늑대다. 그래서 이 땅의 남녀는 여우와 늑대로 천생연분을 지어서 살아온 셈이다.

4. 족제비

시골 산기슭 마을의 뜰 안에까지 자주 출몰하는 탓에 족제비는 사람들 눈에 꽤 익은 동물이다. 인가의 닭들을 물어죽이고 해서 표독하고 앙칼지다고 알려져 있지만, 한편으로는 날쌔고 날렵한 동물로 인식되어 있기도 하다. 몸매가 워낙 날씬한 데다 물에서는 헤엄을 잘 치고, 들이나 산에서는 나무를 잘 타고 바위 같은 것도 쉽게 타고 내달린다. 그래서 족제비는 그 작은 몸매에도 불구하고 영악하고 표독함을 상징하면서 동시에 날쌔고 영리함을 상징하기도 한다.

'족제비는 꼬리 보고 잡는다'는 속담이 있다. 황모黃毛라고 일컬어지는 족제비의 꼬리털이 붓으로 쓰이기 때문에 잡는다는 뜻으로, 모든 일은 까닭이 있어 행한다는 말이다. 여기서의 족제비는 제법 귀물대접을 받고 있는 셈이다. '족제비 잡으니까, 꼬리를 달란다'는 또다른 속담도 이와 무관하지 않다. '족제비도 낯짝이 있다'는 속담에서는 족제비 꼴이 말이 아니다. 체면 모르고 얌치머리 없는 짓을 하는 것을 뜻하기 때문이다.

5. 사슴

그런가 하면 착함을 상징하는 동물도 있는데 사슴이 그런 대표적인 동물이다. 옛날 동화인 『선녀와 나무꾼 이야기』에서 사슴은 착한 사람의 둘도 없는 도우미로 등장한다.

포수에게 쫓기던 사슴은 나무꾼의 도움으로 위기를 면한다. 제가 입은 은혜의 보답으로 사슴은 나무꾼에게 기가 차게 좋은 정보를 제공한다. 하늘에서 내려와 샘에서 멱 감곤 하는 선녀를 짝으로 얻을 방도를 나무꾼에게 일러주는 것이다. 그 덕에 나무꾼은 천행으로 선녀를 아내로 맞게 된다.

이 이야기에서 사슴은 여간한 착한둥이가 아니다. 한데 사슴도 수사슴이라면 그 아름답고 우람한 뿔로 해서, 왕자에 비겨도 좋을 남성다운 위용을 상징하면서 동시에 왕성한 생명력을 의미하기도 한다.

한데,

모가지가 길어서 슬픈 짐승이여

언제나 점잖은 편 말이 없구나

관이 향기로운 너는

무척 높은 족속이었나 보다.

이처럼 노천명은 「사슴」이란 시에서 사슴을 고귀함의 상징으로 칭송한다. 그런가 하면 박목월은 사슴의 사촌쯤 될 노루를 청아함의 상징으로 삼아서 「청노루」라는 찬가讚歌를 바친다. 맑은 하늘, 푸른 산의 정기를 받고는, 그 눈에 흰구름이 맴도는 짐승, 그것이 청노루다.

박두진, 조지훈 그리고 박목월은 자연을 주제로 한 그들의 시세계로 인해 '청록파青鹿派'라는 이름으로 불렸는데, 이 또한 세 시인을 푸른 사슴에 견준 표현이었다. 이들의 시에서 사슴은 그 귀태貴態로 고상함과 우아함의 상징이 되었다.

6. 호랑이

'호랑이도 제 말 하면 온다.'

'호랑이에게 물려 가도 정신만 차리면 산다.'

'호랑이도 제 새끼를 곱다고 하면 물지 않는다.'

'호랑이 만날 줄 알면 누가 산에 갈까.'

일상생활에서 비교적 많이 쓰이는 속담들이다. 호랑이 속담은 이 밖에도 다양하게 전해진다. 그것은 호랑이가 그만큼 자주 얘깃거리가 되고 화제가 되고 했다는 것을 의미한다.

한데 위에 들어 보인 네 가지의 속담에서 호랑이는 하나같이 무서운 대상을 의미한다. 공포의 대상인 것이다. 옛 사람들은 호랑이를 무서워하면서도 자주 입에 올렸다. 호랑이에게 일종의 경외감敬畏感, 곧 두려움 섞인 존경심을 느꼈기 때문이다. 해서 호랑이는 공포의 대상이 되는 동시에 존경의 대상이기도 했다. 호랑이의 모습에서 옛 사람들은 귀태貴態, 곧 고귀한 자태를 느꼈다. 그래서 호랑이는 외경畏敬, 곧 두려움과 존경스러움을 상징하게 된 것이다.

호랑이가 '산중호걸山中豪傑'이나 '산중왕山中王'으로 일컬어진 것이 그 증거다. 또한 '백수百獸의 왕', 즉 백 가지 짐승의 왕이라고 일컬어진 것도 마찬가지 맥락으로 생각할 수 있다.

우리의 많은 민화에서는 의젓한 산신령이 점잖게 앉아 있는 발치에 호랑이가 당당히 버티고 있는 모습을 흔히 볼 수 있다. 이런 그림에서 호랑이는 산신령의 시종 또는 지킴이 구실을 맡은 셈이다. 그림에 따라서는 호랑이가 산신령이 키우는 애완동물처럼 보이기도 한다.

하지만 예로부터 호랑이는 그 자체만으로도 산신령의 대접을 받아왔다. 그래서 옛 시절에는 호랑이가 산악의 신으로서 신앙의 대상이 되기도 했다.

그러다 보니 호랑이는 상고대의 신화에서 당당히 그 주인공으로 등장하기도 한다. 가장 널리 알려진 단군신화 또한 호랑이가 등장하는 대표적 신화다.

사람이 되고 싶어 한 호랑이에게 단군의 아버지이자, 천신이기도 한 환웅은 곰에게 그랬듯이 쑥과 마늘을 주면서 백일 동안 햇빛을 보지 말라고 이른다. 곰은 그 말을 지켜 사람이 되지만, 그 말을 지키지 못한 호랑이는 사람이 되지 못한다.

육식 동물인 호랑이가 쑥과 마늘 따위를 먹지 못할 것은 당연하지만, 이 신화에서 호랑이는 곰과는 따로 구별된다. 곰과는 달리, 호랑이는 끝까지 야생의 맹수로 남았다는 의미가 되기 때문이다.

7. 곰

앞에서 언급한 바와 같이 단군신화에서 곰은 여간 큰 구실을 맡고 있는 게 아니다. 곰이 없다면 단군신화는 완성될 수가 없다. 고조선은 한국 역사에서 최초의 나라이기에 단군의 어머니인 웅녀熊女는 한국 민족의 위대한 모신, 곧 어머니 신의 자리에 모셔지는 셈이다.

단군신화에서 호랑이도 곰과 함께 사람이 되고자 한다. 한데 환웅이 일러주는 것을 호랑이는 지키지 못하고 곰은 성실하게 지켜낸다.

오직 쑥과 마늘만을 먹고 백날 동안 햇빛을 피하라고 한 환웅의 가르침을 충실히 따른 곰은 인간 여인으로 변신한다.

곰은 바위굴 안에 몸을 숨기다시피 하고 백날 동안 쑥과 마늘만 먹고 버텨낸다. 단군신화에서 곰이 몸을 굴 안에 숨긴 것은 행동을 삼가서 근신함이고 쑥과 마늘을 먹은 것은 심신을 맑게 하기 위함이라고 생각된다. 곰이 사람이 되기 위해서는 적어도 그만한 절차를 밟아야 했던 것이다.

이처럼 이미 상고대의 신화에서 곰은 사람이 된다. 이는 곰이 사람과의 사이에서 갖는 교감이 호랑이하고는 비교도 안 될 만큼 크다는 뜻이다.

동북아시아를 포함한 시베리아 전 지역에서 곰은 숭배의 대상인 동시에 인간이 형제와 같은 유대의식을 갖는 동물이다. 두 발로 설 수 있다는 점, 고기 말고 식물도 먹는 점 등을 들어서 곰을 인간의 사촌쯤으로 여긴 것이지만, 이에 더해서 곰의 얼굴 생김새가 사람과 제법 닮았다는 것도 한몫한다고 생각한다.

이런 점들을 내세울 때, 단군신화의 웅녀는 곰과 혈맥이 통하고 있는 한 집단, 예컨대 부족과 같은 집단의 소녀였다고 추측해볼 수 있겠다.

8. 학

두루미라고도 하는 학은 새 중의 귀공자다. 조류의 왕자다. '단정
학丹頂鶴'이라고 부를 때는 그 머리의 붉은빛을 강조한 것이지만, 그
게 꼭 무슨 왕관처럼 보이기도 한다.

신선이 타고 다니는 새로 일컬어질 만큼, 고귀함이 그리고 우아함
이 그 상징이 되는 새지만, 일상적으로 자주 쓰이는 말에도 등장하는
새이기도 하다. 학발鶴髮이라면 흰 머리카락이다. 학려鶴唳라면 학이
운다는 뜻으로 가엾고 처량한 문장이나 말을 가리킨다. 학수고대鶴
首苦待는 목을 길게 빼고 기다린다는 뜻이다. 군계일학群鷄一鶴이라
면 그저 그렇고 그런 어중이떠중이 중에서 홀로 빼어나 보이는 것을
의미한다. 이렇게 학이 들어가는 말들은 대체로 학을 좋고 높게 평가
함을 알 수 있다.

또한 학은 동양화의 주인공이 되는 한편 여러 예술 장르에서도 귀
한 대접을 받는다. 춤에도 학춤이 있는가 하면 시나 소설 등 문학작
품에도 학은 중요한 소재로 곧잘 등장한다. 갓을 쓰고 흰 도포 차림
으로 추는 '동래학춤'에서 학은 이 땅의 선비의 기개를 상징한다. 학
이 고상함과 우아함의 표본처럼 여겨져왔음을 알 수 있다.

금강대 맨 꼭대기에 선학仙鶴이 새끼 치니

봄바람의 구슬피리 같은 소리에 첫잠을 깨었던지

흰 저고리에 검은 치마의 학이 공중에 솟아 뜨니

서호西湖의 옛 주인을 반겨서 넘나들며 노는 듯하구나.

이렇듯이 송강松江 정철鄭澈이 「관동별곡關東別曲」에서 학을 선학, 곧 신선의 학이라고 떠받든 일도 있지만 시대를 막론하고 학은 많은 시에서 읊어졌다.

미당 서정주의 시 「학」에서 학은 마치 불제자들이 참선이나 하듯이 날갯짓한다. 온갖 감정, 설움, 시름, 울음 등의 감정을 참고 견디고 삭이고 한 끝에 마침내 이룩한, 안정과 정밀靜謐이 바로 학이다. 시달리고 애태우고 한 마음이 드디어 얻어낸 고요고 안식이다. 그것은 삶을 사는 우리들 인간의 꿈이기도 하다. 불제자들이 참선을 하면서 누리는, 그 선정禪定의 마음가짐을 이때의 학은 상징한다. 학의 날갯짓에 고요가 서리면 그것은 '정중동靜中動', 이를테면 잠잠함에 어린 움직임을 뜻한다.

그래서 학은 갈등이며 분쟁을 넘어선 평화를 상징하기도 한다. 남북 분단의 비극을 넘어선 인간애를 담은 황순원의 단편 「학」에서 이런 상징성은 극적으로 드러난다.

주인공 성삼은, 한국전쟁 전에 이미 월남해 있던 덕에 국군이 북진함에 따라서, 남한 측의 치안대원이 되어서 이북의 고향으로 돌아간다. 거기서 어릴 적 친구인, 덕재를 만난다. 마을 농민동맹의 부위원장을 한 죄목으로 체포당한 덕재를 치안대 본부로 호송하는 일을 성삼은 자청한다. 어린 시절 친구였던 두 사람이 우와 좌라는 적대관계로 만나게 된 것이다. 덕재를 호송하던 중에 성삼은, 덕재가 자신이 알던 그 옛날에서 조금도 변하지 않았다는 사실과 덕재가 늙고 병든 아버지 때문에 도망가지 않고 남았고 그 탓에 체포되었음을 알고는 마음이 흔들린다. 그가 농민동맹 부위원장이 된 것도 스스로 원해서가 아님을 알게 되면서 성삼의 마음은 완연히 누그러진다. 그러면서 둘은 마침 학들이 놀고 있는 장소를 가까이 지나가게 된다. 전쟁의 소란은 아랑곳도 하지 않고 학들은 평화로웠다. 그 모습을 보면서 성삼은 그 옛날, 어릴 적에 덕재와 함께 학을 잡아서 데리고 놀던 추억을 떠올린다. 그리고 그는 결심을 굳힌다. 학 사냥이나 하자면서 성삼은 덕재를 묶은 포승을 풀어준다. 덕재는 잠시 멈칫한 후 이내 잡풀새를 기기 시작한다.

「학」에서 작가는 남북으로 첨예하게 갈라서 있던 옛 친구 사이의 마음을 다시 하나로 흐르게 한다. 우정은 사상보다 더 소중한 것이 된다. 그래서 학은 통일이 가능해지는 평화를 상징한다. 성삼과 덕재, 둘의 마음은 신선처럼 나란히 학을 타고 통일된 조국의 푸른 하늘을 난 것이다.

9. 용

용은 누구나 알다시피 상상의 동물이다. 하지만 민속신앙에서만이 아니라, 여러 갈래의 속신俗信에서 매우 높은 상징성을 갖추고 믿음의 대상이 되어왔다. 불교에서는 부처를 지키는 수호신으로 여겨졌는가 하면, 조선 왕조에서는 왕권의 상징으로 숭앙받았다. 왕의 얼굴은 용안龍顔이고 왕이 앉는 자리는 용상龍床, 입는 옷은 용포龍袍라고 했다.

왕권과 관련된 용의 상징성은 상고대와 중세의 신화며 전설에까지 다양하게 깃들어 있다. 신라 혁거세왕의 비인 알영의 탄생에는 용이 관여하고 있다. 알영 왕비는 알영정에 나타난 계룡의 겨드랑에서 출생했다고 전해진다.

신라의 제4대왕이 된 탈해는 아예 한바다 저 너머의 용들이 사는 용성국에서 용왕의 아들로 태어난 것으로 전해진다. 용에 의해서 탈해의 왕권에 신성함이 부여되는 것이다.

그런가 하면 고려 왕조에서 왕건의 할머니는 이름부터가 아예 용녀인데, 서해 용왕의 딸로 알려져 있다. 그녀는 남편을 따라 육지에 와서 살면서 우물을 손수 파고 서해의 용궁을 드나들었다. 이와 같이 용은 왕조王朝와 관련되어서는 왕권 자체의 상징으로 돋보인다.

한편 민간에서는 용을 풍요의 신, 생산력의 신, 또는 수신 곧 물의 신으로 널리 섬겼다. '용왕굿', '용왕제'는 한 마을 공동체가 용에게 바치는 종교 행사였고 용왕먹이기는 개인이 용에게 바치는 고사였다. 특히 가뭄을 당했을 때도 농사의 풍년을 빌면서 그런 굿이며 고사가 치러졌다. 일부 마을에서는 줄다리기로 용을 섬기기도 했는데, 기다란 줄 그 자체가 용을 상징했다. 이 경우, 용은 한 고을의 운세와 풍년을 뜻했다.

이처럼 예로부터 용의 상징성은 뚜렷해 왕조에서는 왕권의 상징으로 섬겨졌고 민간 신앙에서는 풍요의 상징으로 모셔졌는데, 이는 물의 생산력이 곧 용의 몫으로 받아들여진 것으로 볼 수 있다.

10. 까치

그게 정말일까? 임진왜란으로 한반도에서 전란을 일으킨 못된 왜적의 우두머리 격인 풍신수길豊臣秀吉이란 녀석이 까치를 수입해갔다는 이야기는 아무래도 풍문일 것 같다. 하지만 각종 물품을 약탈해 간 도적의 무리가 있었으니 '까치 훔치기'도 했을지 모른다. 실제로 일본에서 까치는 대한해협을 사이에 낀 저들의 서남부 일부 지역에만 살기 때문에, 그런 이야기가 전해지지 않았나 싶다. 그렇다 치면 풍신수길도 까치가 이른바 길조吉鳥, 이를테면 좋은 일, 반가운 일만

물어다주는 좋은 새라는 사실을 알고 있었을지도 모른다. 까치는 이 땅의 여러 새들 중에서도 으뜸으로 기꺼운 새이다. '아침에 집 앞에서 까치가 울면 반가운 손님이 오신다'는 속신, 이를테면 민간에 널리 퍼진 믿음이 이를 말해준다.

까치는 마을 안이나 앞뒤의 커다란 나무에 둥지를 튼다. 그리고 무리 지어서 동네 하늘을 휘돌아치면서 난다. 그러면 '깍깍, 깍깍!' 하는 깔끔한 울음소리가 온 마을 안에 메아리친다. 까치의 울음소리는 그들과 사촌쯤 될지도 모르는 까마귀 울음소리와는 사뭇 다르다. 까치 울음은 반가운 소식의 전조가 되는 소리이기에 푸른 하늘에 물살을 만드는 청명한 울음소리다.

그래서 까치는 '견우와 직녀'의 전설에서 사랑의 징검다리 구실을 한다. 모처럼 사랑에 깊이 빠졌음에도 고약한 운명으로 헤어져 있어야만 하는 남녀 사이에서 까치는 중매꾼 노릇을 한다.

하늘나라의 목동인 견우와 옥황상제의 손녀딸인 직녀는 서로 사랑했다. 하지만 사랑에 빠져 각자의 맡은 바 임무를 게을리하는 바람에 벌을 받게 된다. 그 깊고 깊은, 넓고 넓은 은하수를 사이에 두고 둘은 갈라져 살아야 했다. 달 밝은 밤이면 서로 빤히 바라보기만 하면서 흘리는 애타는 눈물이 은하수에 떨어져 내렸다. 그런 애가 타는 상황에서 까치들이 사랑의 매듭이 되고 또 구원자가 되어주었다. 여기에는 까치의 사촌인 까마귀들도 함께했다. 일 년 중 오직 단 한 번, 칠석날 밤에 까치와 까마귀들이 무리 지어서 은하수에 다리를 놓았다. 그래서 견우와 직녀는 365일 중, 오직 단 한 번의 재회가 가능하게 되었다.

견우와 직녀의 전설 때문일까. 까치는 사랑의 중매사를 상징하기도 한다. 까치의 울음소리는 사랑을 영글게 하는 소리로 지금도 우리의 주변에서 메아리치고 있다.

11. 제비

시골 농가에서 제비는 무척 정겨운 새다. 더러는 수선을 떨고 소란을 피우기도 하지만, 한 지붕 아래서 살아가는 정을 집안 식구들과 나누는 새다. 제비의 수선도 소란도 다 같이 재롱이 된다.

제비는 대청마루 위의 처마 끝에 둥지를 튼다. 입으로 흙을 물어다가 지푸라기며 나뭇잎들과 비벼서 동그랗고 소담하게 꼭 광주리 모양의 집을 짓는다. 그 둥지는 시간이 흐르면 어미 새가 먹이를 물어올 적마다 재재거리는 새끼들의 지저귐으로 마냥 흥청댄다.

그래서 제비를 두고는 하고많은 표현이 존재한다.

'물 찬 제비 같다'라고 하면 사람의 몸놀림이나 맵시가 날렵하고 산뜻하다는 뜻이다. 특히 젊고 아리따운 여성의 날씬함을 말할 때도 쓰인다. '곡식에 제비 같다'라고 하면 남의 물건에 함부로 손대지 않는다는 뜻인데, 제비가 벌레만 먹고 곡식은 먹지 않음을 두고 생긴 속담이다. 그래서 제비는 끌끔하고 깔끔한 것을 상징한다. '강남 갔던 제비, 빨리 돌아오면 풍년 든다'는 속담에서는 제비가 농사의 풍년을 가져다주는 구실도 한다. '봄 제비는 옛집으로 돌아온다'라는 속담에서는 제비가 봄을 물고 오는, 봄의 전도사가 된다. 뿐만 아니라, 이 속담에서는 묵은 정을 잊지 않는다는 의미도 있다.

이런 게 한국인의 마음과 눈에 비친 제비다. 날렵하고 깔끔한 날갯짓으로, 상큼하고 정겨운 지저귐으로 온 고을에 풍년이 들게 하는 새가 다름 아닌 제비다. 뿐만 아니라 제비는 봄의 전도사이기도 하다. 정서적으로, 심지어 경제적으로도 제비는 인간에게 보람을 안겨주는 새다. 그래서 '제비가 집안에서 죽으면 집안 망한다'라는 말도 있는 것이다.

이처럼 제비는 인간에게 여러 가지 좋은 징조를 가져오는 복덩어리로 여겨진다. 그것은 고전소설인 『흥부전』을 읽어도 알 수 있다. 『흥부전』에서의 제비는 착하고 고운 마음씨를 지닌 흥부에게는 재물과 복이 노다지로 쏟아지는 복덩어리 박씨를 물어다 주는 한편 심보 사납고 고약한 욕심쟁이 놀부에게는 된벼락과 같은 박씨를 안겨준다. 제비는 사람의 착하고 흉함을 가려보는 눈을 갖추고 있는 셈이다.

제 5 장

이런 것, 저런 것

1. 불과 불길

불은 그 가짓수가 여간 많지 않다. 수두룩하다. 활활 타오르는 장작개비의 불길에서 튀는 불똥처럼 왕창왕창이다. '불을 보듯 훤하다'라고 할 때, 그 불은 환함이고 빤함이다. '불씨'라고 할 때는 말썽 사나움이고 난리이다. '불장난'의 불은 말썽거리가 될 남녀 간의 만남이다. 좀 풍을 쳐서 말하자면, 불은 그 뜻 자체로도 여간 말썽꾸러기가 아니다.

(1) 그 하고많은 불, 또 불

불은 그 의미며 상징을 따지기가 참으로 성가시다. 불이란 낱말 자체의 쓰임새가 아주 번거롭기 때문이다. 국립국어원 표준국어대사전에는 '불구경', '불구덩이'를 비롯해서 '불침', '불티'까지 불 자가 머리에 붙은 수십 개의 단어들을 싣고 있다. 불은 그토록 다양하다. 요란하다.

따라서 그 상징을 캐기도 쉽지 않다. 이건가 하면 저것이고 저건가하면 이것이기도 한 게 불의 상징이다. 그래서 불의 뜻이나 상징을 묻는 일은 그야말로 답이 없는 일일지도 모른다. 아니면 '불집 쑤시기'일지도 모를 일이다. '불난리'가 날 게 뻔하다.

상징을 따지기에 앞서서, 우선 불은 그 사전적인 의미가 두 가지로 나뉨을 알아야겠다. 불꽃 또는 불길이라고 할 때의 불은 타오르는 불이다. 이글이글 활활 뜨겁게 타오르는 불이다. 한자말로는 화염火焰이라 할 수 있다. 그런 불에 비해서 '전등불' 또는 '초롱불'이라고 할 때의 불은 다르다. 이때의 불은 빛, 즉 광光이거나 조명照明이거니와, '반딧불'도 그 본보기의 하나다.

그래서 불에는 타는 불과 비치는 불, 이 두 가지가 있다. '불바다'란 말로 예를 들면 이해가 쉽겠다. '온 마을이 타서 불바다가 되었다'라고 하면 심각한 화재가 났음을 의미하지만, '온밤의 도시를 밝힌 불바다'라면 각종 전등이나 조명으로 밝게 빛남을 가리킨다.

둘째 대목, 상징의 갖가지 모습들, 모양새들

불의 상징도 크게 두 가지로 나뉜다. 하나는 긍정적이고 적극적인 것이고 다른 하나는 소극적이고 부정적인 것이다. 이는 불의 상징에 있어서의 플러스와 마이너스의 두 국면이다. 물론 그 둘은 극명하게 서로 반대다. 플러스의 상징은 건설적이고 바람직한 데 비해서 마이너스의 상징은 파괴적이고 바람직하지 못하다.

하지만 불의 상징에는 이들 두 극단의 어느 쪽에도 들지 않는, 제3의 상징도 있을 수 있다. 또한 어떤 불은 플러스와 마이너스의 상징을 함께 갖추고 있기도 하다. 폭발하는 화산의 불길은 일단은 파괴하는 폭력이지만, 그것은 동시에 새로운 산 모양이나 땅을 빚어내는 건설적인 구실도 한다.

플러스의 불로는 가령 용광로의 불길을 들 수 있는데, 이때의 불은 건설적인 상징성으로 타오른다. 밥을 짓는 아궁이의 불이나 방을 데워주는 군불도 매우 건설적이다. 그런가 하면, 대장간의 담금질하는 불길 역시 뭔가 새로운 것을 만들어내는 힘이 된다. 이럴 때, 불의 상징성은 창조와 맞통한다. 인류는 실질적으로 불이 창조한 많은 것들의 혜택을 누리고 있다. 또한 플러스의 불은 뜨거운 열정을 상징하기도 한다. '사랑으로 불타는 가슴'과 같은 관용구가 이를 효과적으로 보여준다.

하지만 마이너스의 불은 부정적인 상징으로 돌변한다. 파괴며 재난의 상징으로 바뀐다. '불난리'란 말이 있듯이, 화재의 불길이 전형

적이다. '불똥이 튀다'라고 할 때도 불은 부정적이다. 불행이나 재앙이 한 사람에게서 다른 사람에게로 옮겨감을 의미하기 때문이다. 뿐만 아니라, '불씨'란 낱말 또한 그 뜻이 바람직하지는 않다. 말썽이나 재난 혹은 불행의 단서나 동기가 곧 불씨이기 때문이다. 비슷한보기로는 '불벼락'이 있다. '불벼락이 떨어진다'라고 하면, '불호령'과 비슷하게 호되고 무서운 꾸중이나 야단을 맞게 되었음을 의미한다. '불장난'이란 말에서도 불은 부정적이다. 아이들의 불놀이 말고 어른 남녀 간의 불장난은 온당치 못한 사랑 또는 파탄이 날 게 뻔한 사랑을 가리킨다. 그것에는 언짢게도 불륜이 껴든다.

그런가 하면 '화가 치밀다' 또는 '화가 난다'라고 할 때의 화는 한자로는 아예 '불 화[火]' 자를 쓰기도 한다. '울화'나 '울화통'의 화도 마찬가지로 불 화 자를 쓰는데, 이런 보기의 화는 인간 감정으로는 부정적인 것일 수밖에 없다. 요컨대 '화가 난다'의 화는 마음의 불길이다. 견디기 힘에 겨운 감정상의 고통, 그게 화다.

한편 우리 민속에서도 불은 다양한 상징적 의미를 지닌다.

'모닥불'은 잎나무나 나무토막 또는 검불 따위를 조그맣게 모아놓고 피우는 불인데, 추운 날 모닥불 주변에 둘러앉은 사람들에게는 훈김이 되고 안식이 된다. 거기 뭔가 군것질거리를 구워서 나누어 먹으면 더 바랄 게 없을 안녕이 깃들 것이다.

음력 정월의 첫 번째 쥐날인 상자일上子日이나 음력 정월 열나흗날 또는 대보름날 저녁 농촌 마을에서는 논밭의 둑에 불을 놓는데, 그걸 '쥐불'이라고 한다. 흔히들 쥐를 쫓기 위해서라고 하지만, 그것만이 쥐불의 구실이 아니란 것은 '쥐불놀이'란 이름이 말해준다. 논이며 밭의 둑을 깨끗하게 정화하는 한편, 논과 밭 그리고 대지가 거기 옮아붙은 불기운을 타서 기름지고 힘에 넘치게 되기를 기원했던 것이다. 그래서 쥐불의 불은 활활 타오르는 활력을 상징했다.

농촌에서는 또 다른 민속놀이의 불을 볼 수 있는데, '달집불'이 그것이다. '달집불'은 지역에 따라서 '달집태우기', '달집놀이', '달 끄스르기'(달 그을리기) 등 여러 가지 이름으로 불리는데, 하나같이 달과 불이 관련되어 있다.

달집은 대나무를 몇 개 묶어서 기웃하게 기둥을 세우고 사람 키의 다섯 곱 정도나 되게 커다란 원추형 움막 모양으로 엮어서 만든다. 솔가지며 지푸라기들로 원추형 꼭대기에 이엉을 얹고는 그 바닥에 거듭 짚과 솔가지를 깔거나 포개둔다. 원추형의 달집은 모든 방향이 둥글게 막혀 있고 오직 달뜨는 방향만이 열려 있는데, 이를 '달문'이라고 한다. 달집이 완성되면 동산에 대보름달이 뜨는 것과 때를 같이 해서 달집에 불을 지른다. 그러면 연기가 뭉게뭉게 피어오르면서 달집이 활활 타오르게 된다.

불길을 내뿜으면서 타오르는 달집은 대보름달의 모방이다. 달집은 인간이 땅 위에 만들어놓은 달이다. 그 불길에 달 기운이 옮아붙어서 온 마을의 액을 태워 없애고 주민들에게 고루 복을 마련해준다고 믿어졌다. 그래서 달 그 자체를 본뜬 '달집불'은 행복과 풍년의 상징이 되었다.

이글대는 달집불에 액운에 시달리는 사람들이 자신의 저고리나 동정을 던져넣기도 했는데, 이는 달집의 불기운으로 운수를 맑게 정화 淨化하기 위함이었다. 달집이 거의 다 타고 약간의 불더미만 남았을 때, 그 위를 날쌔게 뛰어넘는 것도 마찬가지 구실을 달집불에 걸어서 바랐기 때문이었다.

지역에 따라서는 사람들이 '달 불이야!', '망우리 불이야!' 하고 크게 소리치면서 액땜하고는 복이 오기를 빌고 또 빌었다. 그래서

재해가 없고 풍년 불일
논배미에 달집을 세워라
소원을 써 거는
원추형 달집을 세워라
달 떠온다 달 떠온다
땅을 딛고 달 떠온다
달을 보고 절하고 달빛 밟고
소망을 비는 시간이다
달 솟으면 불 붙여라.

손광은 시인은 「달집태우기」라는 시에서 이렇게 읊기도 했던 것이다. 달과 어우러진 불은 뭐든 깨끗하게 정화하는 힘을 상징한다. 그것은 불이 지나간 자리는 소독이 되는 불의 성질 때문이기도 하다.

(2) 문학작품에서 타는 불

탁월한 상징성으로 인해 불은 문학작품에서도 곧잘 다루어진다. 수많은 문학작품에서 불은 다양한 형태로 등장한다. 불길이 치솟고 불티가 튄다. 불난리가 나기도 한다.

제목에서부터 불기운을 느낄 수 있는 한국의 현대소설들은 많다. 그중 현진건의 「불」을 비롯해서 김동인의 「광염소나타」, 그리고 선우휘의 「불꽃」 등은 널리 알려진 작품이다. 이들 작품은 제목에 모두 불 또는 불과 같은 뜻의 낱말이 붙어 있긴 하지만, 그 불들의 상징적인 의미는 각기 다르다. 이는 불의 상징성이 한두 가지나 서너 가지로는 한정될 수 없음을 말해준다.

현진건의 「불」은 그 줄거리가 그야말로 끔찍하다. 주인공 순이를 에워싸고 흘러가는 이야기가 아리고 쓰리다. 읽는 사람은 그녀가 불쌍해서, 또 가엾어서 몸서리를 치게 된다.

나이 불과 열다섯의 소녀로 뭐가 뭔지도 모르고는 시집 온 순이에게 하루하루는 꼬박 고통과 수난의 연속이다. 사내놈의 색 밝히기는, 욕정 부리기는 예사가 아니었다. 어린 신부에게는 잠든 사이 악몽에 시달리는 것과 사내놈의 색정에 시달리는 것이 다를 바 없었다. 무서운 꿈에 짓눌리다가 겨우 정신이 드는 바로 그 순간 사내가 그녀의 몸통 위에서 요사를 떨면서 가마솥 뚜껑처럼 내리누르고 있음을 알게 되는 것이었다. 꿈에서 순이를 가위 눌리게 하는 그 악마와 순이를 짓눌러대는 남편이나 다를 게 없었다. 남편이 곧 가위고 가위가 곧 남편이었다. 그녀에게 밤은 공포였다. 색골 남편 때문에 이래저래 짓눌리고 시달리고 하는 야밤의 방은 그야말로 지옥이었다.

그런 중에 순이는 엎친 데 덮친 꼴로 새벽부터 밤늦게까지 계속되는 일에 지쳐 있었다. 쇠죽 끓이기, 밥 짓기, 물동이 이기, 절구질, 보리 찧기, 논일하는 일꾼들 밥해 먹이기 등등 쉴 틈 없이 일을 해야 했다.

뿐만 아니라 시어미의 닦달질과 구박으로 하루해가 가곤 했다. 어둠이 가시기 전의 새벽에 쇠죽 끓이라고 성화를 부리는 시어미는 온종일 며느리를 콩 볶듯 했다. '방정맞은 년', '악지 센 년' 등 시어미는 어린 며느리에게 버릇처럼 욕지거리를 퍼부었다. 쌍소리를 뱉고 악담을 안기다 못해 손찌검까지 해댔다.

그러던 중 순이는 쇠죽을 끓이기 위해서 아궁이에 지핀 장작 불길을 보다가 그 활활 타오르는 불길에 묘하게 마음이 끌렸다. 솔가리를 삼키고 드는 불꽃에 마음이 홀렸다.

한편, 색에 미친 남편의 괴롭힘은 계속되었다. 남편을 피해서 헛간에서 잠을 자도 소용없었다. 어떻게 찾아냈는지 그녀가 잠에 곯아떨어진 틈을 타 방에 날라다가는 짓눌러댔다. 거기 더해서 시어미의 학대도 계속되었다.

어느 날 저녁밥을 짓다가 성냥을 보고 순이는 문득 무슨 생각이 떠올랐다. 그녀는 성냥을 품속에 감춘다. 그날 밤, 온 집에 불이 붙었다. 밤마다 순이가 남편에게 짓눌리던 그 방도 속 시원하게 타고 있었다. 무너지는 집, 타오르는 불길을 보면서 순이는 춤을 추는 것이었다.

이런 「불」의 줄거리에서 독자들은 불의 의미를 쉽사리 이해할 수 있다. 그것은 억눌리기만 하던 순이에게는 탈출과 해방의 불길이다. 언제나 부글부글 들끓던 속을 짓누르고만 있던 여인이 불을 통해 자신의 내면을 표현한 셈이다. 그러면서 자기를 얽매고 있던 모질고 독한 힘에 대한 항거며 저항이 파괴본능과 함께 발작을 일으켰음을 의미한다.

이와 비슷한 불의 상징성은 김동인의 「광염소나타」에서도 만날 수 있다. 이 작품은 광기로, 미친 듯이 타오르는 화염에 바쳐진 소나타라고 해도 괜찮을 것이다.

이 작품의 주인공, 백성수는 천재적인 음악가의 유복자로 태어나 어려서부터 음악에 홀려 있었다. 그럭저럭 청년으로 자란 주인공은 공장 직공으로 일하며 음악 공부를 꿈꾸지만 병에 걸린 어머니로 인해 모아둔 돈을 모두 쓰고 만다. 땡전 한 푼 없는 그는 병이 위독해서 혼수상태에 빠진 어머니를 의사에게 보이기 위해서 길을 나선다. 그러나 우연히 지나치게 된 담뱃가게에서 돈을 훔치다가 그만 붙잡혀서, 반년 동안의 감옥살이를 하게 된다. 그가 풀려났을 때 어머니는 이미 숨지고 난 뒤였다. 그 무덤도 어디 있는지 알 수 없었다.

그런데 어느 날 밤 우연히 그 담뱃가게 앞을 지나게 된 성수는 지난날의 원한이 되살아나 그만 자신도 감당치 못할 충동으로 그 가게에 불을 지르고 만다. 그래 놓고는 마침 이웃에 있던 교회로 숨어들어 창 너머로 담뱃가게를 삼키고 있는 불길을 광기 어린 눈길로 지켜본다. 그러다가 피아노에 달려들어 건반을 충동적으로 두들겨댄다. 우연히 그 자리에 있었던 화자 K는 그 곡을 채보하고, 〈광염소나타〉란 제목을 붙인다.

이후 성수는 K의 집에 묵으면서 작곡에 힘쓰지만 이렇다 할 작품을 만들지 못한다. K의 기대에 부응하지 못하는 초조함과 자신 안에 일렁이는 광기를 다스리지 못하고 성수는 방화를 저지르기 시작한다. 그리고 그때마다 폭발할 듯한 예술성으로 뛰어난 곡들을 창작해 낸다. 이런 주인공의 처지며 심리는 "무섭고도 참담스런 주림, 빈곤, 압축된 감정, 거기서 튀어져 나오는 맹염猛炎, 공포, 홍소哄笑"라고 요약된다. 그러나 시간이 흐르면서 성수의 광기는 점점 심해져 방화에서 시체 훼손, 시간屍姦, 그리고 살인으로까지 이어진다. 결국 여러 죄목으로 기소된 그는 예술가협회에서 발 벗고 나서서 탄원하여 사형은 면하지만 정신병원에 감금된다.

이런 줄거리를 가진 소설 「광염소나타」에서 그 유미주의적이고 악마주의적인 성향이 '미친 듯한 불길,' 곧 '광염狂炎'으로 상징된다. 스스로 불을 지르고 그 불길에서 예술혼을 느끼는 주인공은 이루 다 말하기 어려운 복합적인 심리며 충동에 사로잡혀 있다. 그 불길은 복수심과 파괴본능을 채운 쾌감으로 일렁인다. 끈질긴 광기의 순간적인 폭발로 타오른다. 「광염소나타」의 '광염'이라는 불은 이 모든 것을 상징한다.

그러나 위의 두 작품, 곧 「불」과 「광염소나타」와는 전혀 다른 불의 상징을 목격할 수 있는 작품도 있다. 다름 아닌 선우휘의 「불꽃」이다. 작가의 또 다른 작품인 「화재」와 마찬가지로 불을 제목에 걸고 있는 「불꽃」은 불의 상징성에 대해서 독자들에게 또 다른 생각할 거리를 던져준다.

주인공 고현은 한국전쟁을 전후한 한국 현대사의 물살을 헤치면서 그 자신의 삶을 어렵사리 꾸려나가는 인물이다. 이 작품은 대한제국 말기, 3·1운동으로 대표되는 일제 강점기, 그리고 한국전쟁이라는 분단기까지 세 시대를 아우르며 이야기가 전개된다. 현의 아버지는 3·1운동에 앞장섰다가 일본 경찰의 총을 맞고 그가 태어나기도 전에 숨을 거뒀다. 이후 홀어머니 밑에서 키워진 그는 가끔 들르는 할아버지의 영향으로 현실에 냉소적이고 회피적인 성격으로 성장한다.

중학교를 졸업한 현은 상급학교 진학을 위해 일본으로 유학을 떠난다. 일본이 진주만을 공격하면서 제2차 세계대전의 전세는 급변하고 현은 학도병으로 끌려가지 않기 위해 피신했지만 결국 일본군으로 입대하게 된다. 중국으로 보내진 그는 아무런 이유도 없이 사람을 죽여야 한다는 사실에 반발심을 느껴 탈영한다. 현은 중국의 동북부 지방을 떠돌다가 현지에서 소련군이 저지르는 반인간적인 만행을 목격한다. 이는 그의 공산주의에 대한 불신에 불을 붙이는 역할을 하게 된다.

전쟁이 끝나고 조국이 해방되면서 현은 귀국한다. 고향의 여학교에서 교사로 일하던 중에 제주에서 공산당 계열의 남로당이 조종한 '4·3사건'이 일어나고 그것에 뒤이은 '여순 사건' 등으로 말미암아 온 나라 안은 좌우익의 대립과 갈등으로 들끓는다. 그 역사의 파란 속에 결국 현도 말려든다. 한국전쟁이 일어나고 현의 고향 마을은 북한의 붉은 군대에 점령당한다. 마을을 점령한 공산당 무리에는 자신의 죽마고우였던 연호도 있었다. 연호는 현을 인민재판의 현장에 부른다. 현은 같은 학교 여교사의 부친이 반동분자라는 죄명으로 인민재판을 받는 모습을 목격하고 분노한다. 그것은 결코 합법적인 재판이 아니었다. 사상이 다르고 속한 계급이나 신분이 다르다는 그 야릇한 구실로 저지르는 폭행을 현은 그냥 보고 넘길 수 없었던 것이다. 현은 결단을 내리고 보안서원의 총을 빼앗아 산중의 동굴로 몸을 숨긴다. 그것은 현으로서는 최대의 레지스탕스며 의거였다.

한데 현이 숨은 동굴은 3·1운동에 앞장섰던 그의 아버지가 피신해 있다가 죽음을 맞이한 바로 그 동굴이었다. 아버지가 3·1운동에 목숨을 바친 것이나 그 아들이 공산당의 만행에 항거한 것이나 같은 선상에서 민족을 위한 그리고 역사를 위한 행동인 셈이다.

그러나 현이 동굴에 숨었다는 정보를 입수한 연호가 현의 할아버지를 인질로 잡아 동굴로 와서 항복하라고 윽박지른다. 현을 살리려는 고 노인은 동굴을 향해 '도망가라'고 소리치다가 연호의 총을 맞고 목숨을 잃는다. 이어 현과 연호는 서로를 향해 총을 발사한다. 연호는 죽고, 현 또한 어깨에 부상을 입는다. 쓰러진 채로 아픔에 시달리며 현은 의식이 가물댄다. 하지만 그런 상황에서 오히려 현은 마음속에 타오르는 불꽃을 실감한다. 아울러서 거듭 현실과의, 역사와의 대결로 자신이 가야 할 길을 느낀다.

이렇듯이 작품 「불꽃」에서 불은 물러서지 못할 역사와의 대결의식을, 그리고 투지를 상징한다. 뿐만 아니다. 그 불꽃은 굽힐 줄 모르는 의지며 결의의 상징으로 타오를 수도 있다. 간난의 역사 끝에 드디어 동트는 새로운 여명을 상징하기도 할 것이다. 그것은 요컨대 역사의 봉홧불이다.

(3) 혼불

이 땅에는 오래전부터 근래에 이르기까지 '혼불'이란 것을 믿었다. 혼불이 사람 몸에서 그 사람 자신도 모르게 나가면 죽음을 맞게 된다는 믿음이 전해지기도 했다. 이런 민간의 믿음을 '속신俗信'이라고 하는데, 일반 민중들 사이에서 믿어지고 지켜지기도 한 생각이란 뜻이다. 속신은 '뭐를 하게 되면, 뭐를 보게 되면, 이런저런 결과가 생긴다'는 따위의 형식을 갖는다.

혼불도 그런 오랜 이 땅의 속신 중 하나다. 문자 그대로 혼불은 혼의 불길이고 불길인 혼이다. 혼이 인간 몸 안에 잠겨 있는 동안, 인간은 그 육신과 목숨을 지탱한다고 믿어진다. 인간 생명의 근본이 곧 혼인 셈이다.

한데 혼불은 눈으로는 볼 수 없다고 여겨진다. 원래 혼이 형체가 있는 건지 아니면 그냥 일종의 기운 같은 것, 에너지 같은 것인지 명백하지 않다. 아마도 후자가 보다 더 타당하리라 생각된다. '혼이 나간다'라는 말로도 그것은 헤아려질 것 같다. '영혼靈魂'이란 말에서 '영'은 원칙적으로 사령死靈이라서 죽은 이의 것인 데 비해서, 혼은 살아 있는 사람에 깃들어 있다고들 믿는다. 그런데 살아 있는 사람 몸속에 깃들었던 혼이 몸을 빠져나가면 그 사람은 목숨을 잃는데, 이때 몸을 빠져나가는 혼은 불길로 나타난다고 한다. 그것이 바로 혼불이다.

혼불의 빛과 모양에 관한 속신은 일정하지 않다. 모양은 둥근 모양, 다리미 모양, 빗자루 모양, 또는 수박 모양을 가졌다는 말도 있다. 빛도 물론 붉은빛이 가장 흔하나 엉뚱하게 노랑빛일 때도 있다고 들 한다.

몸속에 간직되었던 혼불이 그런 모양새로 그런 빛으로 바깥으로 빠져나가면, 사람이 죽는다고 옛날 속신은 일러왔다. 사람의 몸을 벗어나는 혼은 불이 되거나 불빛이 되어서 나간다는 것이다. 어느 집에서 누군가 죽게 되면 혼불이 몸에서 나간다고 믿어졌다.

'혼불 나가고 석 달 뒤에 사람 죽는다', '혼불은 묘 자리로 날아간다'와 같은 속담은 그래서 생겨났다. 이때의 혼불은 생명의 불길인 셈이어서 생명력 그 자체를 상징한다.

이청준의 잘 알려진 작품 「석화촌」에서도 우리들은 혼불의 상징성을 만나게 된다.

석화, 곧 굴을 캐는 일을 생업으로 삼는 섬마을에서 연달아서 사람이 죽는데 그럴 때마다 혼불 나가는 것이 목격되곤 한다. 석화촌에서는 누군가 물에 빠져 죽으면 그 혼은 누군가 다른 사람이 뒤따라서 죽어야만 비로소 저승으로 갈 수 있다고 믿어진다. 주인공인 별녜의 아버지가 물에서 죽자 별녜의 어머니가 남편을 뒤따른 것도 그래서였다.

한데 어머니의 혼이 문제였다. 바다 밑을 헤매고 있을 어머니를 위해서 누군가가 죽어야 했다. 그 일을 해결해주겠다는 조건을 내세운 강 주사의 말을 믿고 별녜는 강 주사의 병든 외아들에게 시집을 간다. 그러자 별녜를 사랑했던 거무는 크게 분노한다.

한데 강 주사는 약속과는 달리 산 사람이 아닌, 이미 죽은 시신을 물에 던져넣는다. 그래서는 별녜 어머니의 혼을 위해 전혀 도움이 되지 않았다. 그런 식으로는 별녜 어머니의 혼이 저승길에 오를 수 없었다.

그러자 거무는 별녜를 배에 태워서 섬을 탈출한다. 배에 탄 별녜는 배를 젓고 있는 거무 몰래 배 밑창에 구멍을 낸다. 물에 잠긴 채로 있는 어머니의 혼이, 자신의 죽음으로 해서 저승으로 가게 되기를 별녜는 바랐던 것이다.

「석화촌」에 등장하는 연달아 발생한 죽음들은 그 일부나마 혼불 나가기와 관련이 있다. 출렁이는 푸른 파도에 떨어지는 혼불은 바야흐로 죽음이 머지않은 생명을 상징한다. 이때의 혼불은 삶과 죽음의 경계에 처한 인간 목숨의 알맹이를 뜻한다. 그러면서도 인간 생명, 그 자체가 불길이고 불꽃임을 말해준다.

2. 노인

봄 동산 눈 녹인 바람 잠깐 불고 간 데 없다
잠시 동안 빌려다가 머리 위에 불게 하여
귀밑에 해묵은 서리를 녹여볼까 하노라.

고려 말의 유학자인 우탁禹倬은 귀밑의 서리(백발)가 상징하는 늙음을 이처럼 서러워하고 있다. 뿐만 아니다.

한 손에 막대 잡고 또 한 손에 가시 쥐고
늙음은 가시로 막고 백발은 막대로 치려 했더니
백발이 제가 먼저 알고 지름길로 오더라.

이같이 백발로 상징되는 늙음을 한탄하기도 한다.

한데 '노老'는 그 자체로 서로 대립되는 뜻을 갖는다. '늙을 노'라고 읽을 때, 그 늙음은 어쩌면 낡음과 한 뿌리에서 나온 말일지도 모른다. 무엇인가가 못 쓰게 되고 헐어빠지고 하는 그 낡음이 나이 들 대로 든 사람의 늙음과 아주 무관할 것 같지는 않다. 그래서 노약老弱, 노쇠老衰, 노폐老廢, 그리고 노후老朽는 한결같이 부정적인 의미로 쓰인다. '노' 자가 붙은 말 치고 좋은 말은 영영 없는 것 같기도 하다.

노망老妄쯤 되면 그런 생각은 더욱 진해진다.

쪼글쪼글 주름질 대로 주름진 얼굴은 목숨의 시듦을 나타내기도 한다. 구부러진 허리로 인해 걸음이 비틀대듯이 그 인생 자체가 영영 한물가고 만 것인지도 모른다.

이렇듯이 노년이나 늙음의 상징은 극단적으로 부정적으로만 보인다. 하지만 노련老鍊, 노숙老熟이란 낱말이 이에 반기를 들 수 있다. 일이며 사리에 익숙하고 재주가 넘치고 하는 것이 곧 노련이다. 노련한 솜씨란 말을 떠올리면 바로 알 수 있다. 노숙 또한 비슷한 뜻을 가진 말이다. 나이가 들 만큼 든 덕택에 그 사이 줄곧 닦고 익히고 해서 일의 처리가 척척일 때, 노숙이라고 한다.

중국의 도교를 비롯해 동양인들 사이에서 널리 숭상되는 신선이란 존재는 그런 노련과 노숙이 절정에 달한 신격화된 인물을 일컫는다. 이런 경우에 있어서 노년은 인품이 고결하고 정신이 드맑아져서 대자연과 동화할 수 있는 인생의 단계를 상징한다.

이고 진 저 늙은이 짐 풀어 나를 두오
나는 젊었거니 돌인들 무거울까
늙기도 서러운데 짐조차 지실까.

정철이 이처럼 안쓰럽게 여긴 노년이 오히려 미화되고 승화된 경지에서 신선은 칭송받았다.

3. 할미

　노인을 두고도 남녀차별을 피할 수는 없었다. 남성 노인은 원로가 되고 신선이 되고 해서 귀태를 뽐내기도 했지만, '할미'라고 일컬어진 여성 노인은 꼭 그렇지만은 않았다. 존경받는 한편 더러는 손가락질받기도 했다.

　여성 노인이 할미와 같은 뜻으로 '노고老姑'라고 일컬어지면, 지리산의 최정상인 노고단老姑壇이란 말에서도 알 수 있듯이 격이 매우 우뚝한 산신으로 숭배받는다는 뜻이었다. 제주신화에서는 제주민들의 노고인 여러 '할망'이 등장하는데, 이들 가운데는 제주섬 곳곳의 지형을 만든 할미 신인 '선문대할망'도 포함된다. 그런가 하면 무속신앙에서 섬겨지는 '마고할미'는 조물주에 견주어져도 마땅한, 나이 많은 여성 신이다. 또한 민간에서 널리 숭배된 '삼신할미'는 여성들에게 아이를 점지하는 신으로 섬겨졌다.

　그러나 많은 전설이나 동화에서 할미는 무서운 마귀나 다름없는 존재로 등장한다. 그도 그럴 것이 옛날이야기에서 대부분의 늙은 할미는 여우나 귀신의 또 다른 모습이기 때문이다.

뿐만 아니라 경상도의 남녘 바닷가에서는 '바람할미'가 사람들을 못살게 군다. 바람할미는 이른 봄에 매섭게 불어대는 바람인데, 그것은 짓궂고 고약한 할미의 심술 같다고 해서 붙여진 이름이다.

'할망구'니 '할망태기'니 하면서 젊은이들이 비죽거릴 때, 할미의 처지가 말이 아니기로는 바람할미의 경우와 다를 것 없다. 흉물로 상징되기는 마찬가지다.

4. 도깨비

일부 지역에서는 '도채비'라고도 불리는 도깨비는 실로 아리아리하다. 세상에 아주 많이 알려져 있는 것치고는 알쏭달쏭하다. 대단한 유명세를 지니고 있긴 하지만 막상 그 실체를 파악해보려 하면 긴가민가하다.

도깨비는 요상한 요물이고 괴상한 괴물이다. 그래서 요상함과 괴상함을 두루 갖춘 요괴妖怪가 곧 도깨비다. 야밤 외딴곳에서 어둠을 헤집고 나타나는 야릇한 불덩이가 도깨비다. 그 불길은 길 가던 나그네를 가까이 오게 유혹한다. 난데없이 나타난 미녀와 어울려서 사랑의 장난을 치다가 사내는 지쳐서 잠들고 아침에 깨어보면 품에 짚단을 안고 있더라는 이야기다. 이 당돌한 이야기에서 짚단은 물론 도깨비가 둔갑한 것이다.

도깨비는 비단 여자로만 둔갑하지는 않는다. 멀쩡한 대장부로 변신한 도깨비는 야밤에 홀로 지나가는 사내에게 씨름을 하자고 도전한다. 맞붙은 사내가 위를 쳐다보면 도깨비 머리는 하늘에 닿아 있고 그래서 땅을 내려다보면 그만 땅바닥에 깔리고 만다. 그런 괴물과 있는 힘 없는 힘 다해서 씨름을 한 끝에 사내는 가까스로 이긴다. 넘어뜨린 도깨비를 나뭇등걸에 붙잡아 매놓고 그다음 날 가보면 웬걸, 도깨비는 간데온데없고 닳아빠진 빗자루(혹은 절굿공이)만 덩그러니 묶여 있는 게 아닌가.

한데 도깨비는 가령 귀면와처럼 기와지붕 추녀 밑의 사래 끝에 새겨지기도 한다. 이때의 도깨비는 액이나 불행을 쫓는 구실을 맡고 있다고 할 것이다.

이처럼 도깨비의 정체는 가늠하기 어렵다. 요상한 여자로 나타나는가 하면 씨름 즐기는 남정네로 나타나기도 한다. 그러다가 마침내는 짚단, 빗자루, 절굿공이 따위로 변하기도 한다.

또한 도깨비에게는 방망이가 있는데, 사람들은 그걸 '도깨비 방망이'라고 불러왔다. 도깨비가 그걸로 땅을 치면서 '돈 나와라 와라 뚝딱' 하는 소리를 내면 돈이 왕창 왕창 쏟아진다는 것이다.

뿐만 아니다. 사내의 성기를 닮은 방망이로 둔갑해서 여자들을 탐한다는 이야기도 있다. 이렇듯이 도깨비는 변화무쌍이다. 그래서

'도깨비장난'이란 말을 하게 되는 것이다.

더러는 도깨비가 비교적 긴 사연의 주인공이 되기도 한다.

옛날 옛날, 시골의 어느 마을에 젊은 과부가 살고 있었다. 한데 우연히 알게 된 젊은 미남 사내가 과부에게 첫눈에 반했다며 끈질기게 사랑을 청하자, 그만 넘어간다. 과부는 거의 밤마다 나타나는 사내를 맞아서 사랑을 나눈다. 그런데 사내는 나타날 적마다 매번 돈 꾸러미를 여인에게 안기는 것이었다. 거기다 사내의 사랑의 재주 또한 놀라워 여인은 깊이깊이 홀리고 만다.

그런데 이게 무슨 일, 여인은 날로 몸이 야위어가는 게 아닌가! 또 말과 행동이 어릿거리기를 멈추지 않았다. 여인은 이상히 여겨 점쟁이를 찾아가서 알아보았다. 여인의 말을 상세하게 들은 점쟁이는 "저런 저런 그 사내는 도깨비야!"라면서 도깨비 떼는 방도를 일러주었다. 도깨비는, 그것도 밤도깨비는 말의 생피를 보면 기겁하고 도망친다면서 그걸 뜰에 뿌려서 도깨비가 얼씬 못하게 하라는 것이었다. 여인은 도깨비가 가져다준 돈으로 말을 사서 생피를 뽑았다. 그리고 밤이 되기 전에 흥건하게 집 마당에 뿌렸다. 온 마당이 시뻘겋게 물들었다. 마루 앞 섬돌에도 피를 흩뿌렸다.

그날 밤에도 영락없이 도깨비 사내는 나타났다. 하지만 대문에 들어서지도 못하고 질겁할 수밖에 없었다. 사정을 눈치를 챈 도깨비는 집 둘레를 뺑뺑 돌면서 고래고래 소리 질렀다. "은혜를 원수로 갚아도 유분수지, 야 이것아! 내가 갖다 바친 돈이 얼마냐. 그것 모조리 내놓아!" 하지만 별수 없었다. 도깨비는 한 사나흘 그러고 나서 다시는 여인의 집에 얼씬거리지 않았다.

이런 게 도깨비다. 민간에 돌아다니는 하고많은 도깨비 이야기를 들어보면 그가 또 다른 한국인이라는 생각이 든다. 도깨비는 괴물이고 요물이면서도 한국인의 사촌쯤 될 것이다.

도깨비는 무엇보다 돈 욕심이 많다. 또한 힘 부리기를 즐겨 한다. 이건 도깨비가 한국인의 돈 욕심과 권세나 권력 탐내기를 제 안의 특질로 가졌음을 의미한다. 그가 과거시험을 보지 않는 게 이상하게 여겨질 정도다. 글 모르는 문맹文盲 같지는 않은데, 알다가도 모를 일이다.

특히 이 땅의 사내들 중에서도 도깨비는 색골 사내를 빼닮았다. 남성 색정의 화신化身 같은 존재가 바로 도깨비다.

이렇게 돈 욕심에 힘 자랑에 색골 근성까지 해서 도깨비는 이 땅 사내들의 '남성 복합심리'를 상징한다. 그래서도 도깨비는 '제2의 한국 사내'다.

5. 집

'집에 꿀단지를 파묻었나.'

이 속담은 모처럼 서로 만나놓고는 뚱딴지같이 서둘러 제집에 가고자 하는 사람을 빈정대는 말이다. 하지만 별일이 없고 별 탈이 없는 한, 거의 모든 집에는 꿀단지가 묻혔을 것이다. 실제로 꿀단지가 없다고 해도 비유해서 말하자면, 웬만한 집에는 꿀단지가 묻힌 것이나 마찬가지다. 심정적으로 꿀맛이 감치게 나는 게 바로 집이다. 가령, 세상 남성이 흔히들 아내를 '집사람'이라고 할 때, 그 집은 안식과 즐거움의 터전이 아닐 수 없다.

'초가삼간'은 초라하기만 한 집은 아니다. 비록 넉넉하지는 못해도 조촐하게, 다소곳하게 보람을 누리고 사는 집을 이르는 말, 그게 다름 아닌 초가삼간이다. 정이 사무치는 집이다.

실버들 늘어진 언덕 위에 집을 짓고
정든 님과 둘이 살짝 살아가는 초가삼간
세상살이 부정해도 비바람 몰아쳐도 정이 든 내 고향
초가삼간 오막살이 떠날 수 없네.

시냇물 흐르면 님의 옷을 빨아 널고

나물 캐어 밥을 짓는 정다워라 초가삼간

밤이 되면 오순도순 호롱불 밝혀놓고 살아온 내 고향

초가삼간 오막살이 떠날 수 없네.

황우루가 가사를 붙인 배호의 〈초가삼간〉이란 이 가요는 너무나 멋지게 또 적절하게 초가삼간을 읊고 있다. 집은 커서 좋은 게 아니고 기와지붕 얹어서 좋은 것도 아니다. 바로 식솔들이 오순도순 정을 나누는 장소이기 때문에 좋다는 것을 이 노래는 말해준다.

삼간초옥, 초가집은 가난의 상징이기도 하지만 한편으로는 가난을 이기고 가꾸어가는 삶의 보람과 그래서 피어나는 따스한 정을 상징하기도 한다.

서민들이, 민초들이 초가집을 둥지 삼았던 것과는 대조적으로 양반이며 높은 벼슬아치들은 기와집에서 떵떵거리고 살았다. 그야말로 빈부의 격차며 신분의 높고 낮음을 보여주는 것이 초가집과 기와집이었다.

규모가 비교적 큰 기와집의 경우, 담장이 길게 늘어선 그 뜰 안은 매우 넓었다. 큰 솟을대문을 들어서면 행랑마당이 있는데, 그 좌우로 한편에는 사랑채가 다른 한편에는 행랑채가 자리 잡고 있었다. 사랑채는 집안의 바깥어른과 그 아들들이 거처하는 곳이고 행랑채는 일꾼들의 방과 짐을 챙겨놓는 곳간으로 이루어져 있었다. 행랑마당의 안쪽은 다시 낮은 담장이 가로막고 있는데, 거기 중문이 버티고 있기 마련이었다. 그 중문 안쪽으로 안채가 위치하는데, 이는 안주인과 여성들의 공간이었다.

이래서 중문을 경계로 여성들을 위한 안채와 남성들을 위한 바깥채로 나뉘었던 것이다. 바로 이 탓으로 안과 바깥이 각기 여성과 남성을 상징하게 되었다. 남성 식구들의 거처는 한데의 바깥에 가깝고 여성 식구들의 거처는 중문 안에 위치하고 있었기 때문이다. 내외內外, 이를테면 안과 바깥이 각기 부인과 남편을 의미하게 되었고 바깥사람, 안사람이란 말도 생겨났다.

대궐 같은 기와집이란 말이 있다. 큰 기와집은 왕궁 같기도 했던 것이다. 민간인으로서는 집이 백 칸을 넘을 수가 없게 규정되어 있었기에 말로는 아흔아홉 칸이라고 했지만, 실제로는 백 칸이 넘는 거대한 기와집도 있었다. 이는 그런 큰 규모의 집이 부, 이를테면 경제적인 풍요와 함께 으리으리한 권세의 상징 구실을 했기 때문이다. 그래서 기와집과 초가집은 양반과 상민이라는 사회적 계급의 차이를 상징하기도 했다.

6. 창

창문을 열어다오 마리아여
모습을 보여다오
그대를 보고 싶어
거리에서 나는 기다리고 있다네.

사람들 입에 곧잘 오르내리는 〈마리아 마리Maria Mari〉라는 이 외국곡에서 창은 그리움의 창이다. 그것은 서로 마음 열리는 사랑을 상징한다. 오가는 연정을 상징하기도 한다.

깊은 밤, 임 계시는 창에 불빛이 어리고 거기에 임의 그림자가 어릿대는 그 정경, 사랑에 빠진 이들이라면 누구나 꿈꾸어보았을 것이다. 하지만 다 같이 임의 그림자가 어릿댄다고 해도 유리창에서보다는 종이 바른 창호에서가 한결 더 정겹다. 그것도 흔들대는 등잔불 아니면 초롱불 따라서 설핏하게 일렁이는 그림자에 더한층 넋이 빠질 것이다. 전통 가옥의 창호는 겪어본 사람 누구에게나 알뜰한 그리움의 대상이다. 그것은 창호가 무엇보다 정겨움을 상징하기 때문이다.

한데,

유리에 차고 슬픈 것이 어린거린다

열없이 붙어서서 입김을 흐리우니
길들은 양 언 날개를 파다거린다.

지우고 보고 지우고 보아도
새까만 밤이 밀려 나가고 밀려와 부딪히고
물먹은 별이, 반짝, 보석처럼 백힌다.

밤에 홀로 유리를 닦는 것은
외로운 황홀한 심사이어니

고운 폐혈관이 찢어진 채로
아아, 늬는 산새처럼 날아갔구나!

라는 정지용 시인의 시, 「유리창 1」에서 유리창은 너무나 애달프다.
서럽기도 하다. 그 유리에는 뜻하지 않게 일찍 여읜 아이의 보석처럼
빛나던 눈빛이, 그리고 얼굴이 어려 있다. 그래서 유리는 비통함 그
자체가 되고 말았다.

위에서 각각 예를 든 노래와 시에 등장하는 창은 서로 극명하게 대
조적이다. 하나는 사랑이고 다른 하나는 아픔이다. 이래서 창의 상
징은 보는 이에 따라서 다른 것이 된다.

7. 붓

문필文筆, 필묵筆墨!

이것은 옛 선비들에게는 목숨줄 같은 것이었다. 글과 붓, 그리고 붓과 먹은 바로 선비의 또는 학자의 생명이자, 상징이었다.

'필설筆舌로는 이루 다 할 수 없다'라고 할 때, 필설은 문자 그대로는 붓과 혀를 가리키지만, 조금 둘러서는 글과 말을 가리킨다. 글과 말은 의사 표현 수단의 전부를 의미한다. 이때의 필, 곧 붓은 글이며 문장을 지칭한다. 즉, 붓은 문장과 글의 대유법代喩法이 되는 것이다. 붓과 문장(또는 글)이 일대일로 의미를 서로 주고받는 셈이다. 필, 곧 붓이 글과 문장을 의미하기로는 '필로筆路'라는 단어에서도 마찬가지다. 필로는 문자 그대로는 붓의 길이란 뜻인데, 또 다르게는 글의 짜임새나 엮음새를 의미하기 때문이다. 그런가 하면 '필진筆陣'이란 말은 글 쓰는 사람들의 집단을 의미하니까, 이 경우는 필 곧 붓은 글 쓰는 사람을 가리킨다.

붓은 글의 대유가 되고 글 쓰는 사람의 대유가 되면서 그 가치며 보람을 드높인다. 붓 없이는 글이고 글 쓰는 사람이고 간에 전혀 맥을 추지 못한다.

옛 선비들은 '문방사우文房四友'를 귀중히 여겨왔다. 문자 그대로는 '글공부하는 방의 네 벗'을 가리키는 이 말에서 네 벗은 다름 아닌

붓과 벼루와 먹과 종이다. 이들 네 가지는 선비들의 친구로 칭해진
다. 그 비유의 뛰어남이 오늘날 우리들의 가슴을 치는데, 특히 그중
에서도 붓이 선비들의 친구이자 벗으로는 으뜸 자리를 차지한다는
점에 유념하고 싶다. 옛 선비들은 붓을 벗하여 살았다. 한데 오늘날
은 사정이 달라졌다. 스마트폰을 손가락 끝으로 두들기거나 눌러서
글을 쓰고 읽고 하는 요즘 세상에서 붓은 온데간데없다. 그렇다고 손
가락에 붓만큼의 의미를 매길 수 있는 것도 아니다.

옛 선비들은 며칠씩 묵어야 하는 먼 곳을 갈 때면, 붓과 먹통을 허
리에 차고 길을 나섰다. 붓이 길동무가 된 것인데 그만큼 붓은 항상
선비들 곁을 지킨 존재였다. 붓 있으면 선비 있고 선비 있으면 붓이
있어야 했다.

그래서 붓은 글, 곧 문의 상징이 되고 지식과 학문의 상징이 되었
다. 선비가 갖추어야 할 학식과 교양의 상징으로 붓은 위세 등등했다.

그러기에 '붓을 놓는다'는 말은 그냥 글쓰기를 그만둠을 의미하는
데 그치지 않았다. 그것은 주어진 소임을 내던지고 직무를 포기함을
의미했다. 선비 구실, 사람 구실을 그만둠을 의미했다. 그 점은 '붓
을 꺾는다'라고 하는 말에서도 달라지지 않았다. 붓은 선비의 목숨
줄을 상징했던 셈이다.

8. 굿

'굿 들은 무당, 재 들은 중'

이 속담은 제 깜냥으로 제구실 제대로 하게 되는 것을 뜻한다. 무당이 굿을 맡고 중이 재를 맡으면 그 올곧은 구실을 할 수 있기 때문이다.

이 경우, 굿은 원칙적으로 무당의 주관으로 신령을 섬기는 종교적인 행사를 가리킨다. 이에서 무당은 병이나 우환은 물리치고 복은 들어오게 비는 구실을 맡는다. 그래서 우리가 '굿'이라고 하면 대부분은 '무당굿'을 가리킨다.

하지만 '야단 굿 났다'라는 말에서의 굿은 비단 무당의 굿만을 가리키지는 않는다. 이때의 굿은 요란하고 벅적한, 큰일이 벌어졌음을 뜻한다. 대단한 일, 별난 사건. 그게 곧 굿이다.

굿에는 많은 종류가 있다. 한 마을 전체가 참여하는 마을굿들은 그 가짓수가 적지 않다. 서낭굿, 대동굿, 용왕굿, 별신굿 등의 이름으로 온 나라 안에 한 지역 공동체의 집단 행사인 굿이 전해진다.

서낭굿에서 서낭은 한자로 된 '성황城隍'이 변해서 생긴 말이다. 서낭은 서낭신이라고도 일러지는데, 지역 또는 마을의 지킴이 신을 가리킨다. 대동굿이나 별신굿에서도 마찬가지로 지역의 수호신이 모셔지고 섬겨지고 한다.

이들 마을굿에서도 무당이 제법 큰 몫을 하지만, 그것은 신 내림을 받는 구실, 이를테면 하늘에서 내리는 신이나 신령을 맞는 역할에 그 중심이 있다. 그 외의 굿의 중요한 행사며 절차는 마을 주민들이 적극적으로 또 능동적으로 이끌어간다. 이 점에서 마을굿은 무당의 개인 굿과는 분명 다르다.

큰 규모의 마을굿으로 대표적인 굿이 바로 별신굿이다. 이 굿에서는 마을 전체가 마을의 수호신 또는 지킴이 신의 내림을 받아서 신령과 주민들이 어우러지게 된다. 그래서 별신굿은 그 규모가 크고 성대하게 치러지는 종교행사다.

이처럼 한 공동체가 그들 수호신의 내림을 받아서, 이를테면 수호신을 마을 사람 각자의 몸 안에 받아서 굿을 크게 벌인 역사는 사뭇 오래되었다. 그 으뜸은 자그마치 가야가 기틀을 잡던 시기에까지 거슬러 올라간다.

가야 아홉 고을의 우두머리들이 각기 200~300인의 백성을 이끌고 구지봉에 모여 있었다. 그러자 하늘에서 '내가 내려가서 나라를 세우고 왕이 될 것이다. 너희는 나를 받들어 맞이하되, 노래하고 춤을 추라'라는 소리가 들려왔다.

아홉 우두머리와 그 무리들이 들은 대로 노래하면서 춤추었더니 이내 하늘에서 자줏빛 밧줄이 내려왔다. 밧줄 끝에 매달린 붉은 보자기에 싸인 황금 상자를 열자, 황금빛 알이 여섯 개가 들어 있었는데,

여기에서 여섯 가야의 왕들이 태어났다.

『삼국유사』의 「가락국기駕洛國記」는 대략 이와 같은 내용을 담고 있다. 가야의 백성들은 새로운 임금을 맞이하기 위해 노래하고 춤을 춤으로써 신맞이를 하고 신 내림을 받은 것이다. 이는 신맞이해서 노래하고 춤추는 후세의 별신굿의 원형이 된다. 이게 바로 한국인의 '신바람'의 역사적인 최초 모습이라고 할 수 있다. 한국인의 신바람의 원형은 오랜 세월 동안 큰 마을마다, 고을마다, 별신굿을 통해서 되풀이된 것이다.

이런 역사를 간직하고 있는 마을굿은 신령과 인간의 하나 됨을 상징한다. 인간이 그 몸에 신령을 싣고 신령과 한 덩어리가 되어서 신바람을 부리는 것을 굿은 상징하는 것이다.

9. 빛깔

빛깔은 워낙 가지가지다. 이루 종잡을 수가 없을 만큼 많고 또 많다. 자연은 빛의 박물관이다. 흔히들 하늘이 푸르다지만 웬걸 푸르기만 한 게 하늘이 아니다. 푸르다고 해도 변화가 적지 않다. 구름만 해도 한두 가지 빛으로 끝나지 않는다. 풀이나 나뭇잎이 푸르다지만, 그 푸름은 조금씩 조금씩 아기자기하게 서로 다른 빛을 낸다.

인간 세계에도 빛이 갖가지로 넘쳐난다. 사람 얼굴은 무시로 수시로 빛이 달라진다. 인간의 일뿐 아니라 만사가 빛으로 얼룩지고 빛깔로 무늬 짓는다. 거리에서도 빛은 요란을 떤다. 자동차들부터 그 색깔이 요란하게 많은 가운데, 네거리 신호등만 해도 세 가지 빛으로 깜박인다.

그러기에 빛의 상징성을 종잡기는 참 힘겹다. 워낙 다양하기 때문이다.

(1) 붉은빛

세상은 빛으로 넘친다. 빛이며 색이 곧 세상이기도 하다. 세계의 표정, 그것은 곧 색깔이다. 아스라한 하늘에 두둥실 떠 있는 한 점 흰 구름, 그 때문에 하늘은 더 푸르고 더 높다. 그 청백으로 대조적인 색조, 그것이 곧 하늘이다. 여기 더해서 무지개마저 뜨면 하늘은 칠색, 팔색으로 눈부시게 된다.

사람도 그렇다. 소녀의 백옥처럼 눈부신 얼굴에 반짝이는 검은 눈동자, 그 백색 바탕의 흑진주로 해서 소녀는 더한층 영롱해진다. 사람도 색이다. 자연과 사물은 더 말할 것도 없다. 색조야말로 자연의, 그리고 사물의 본바탕이다.

한데 색에는 여러 가지가 있다. 벼라별 빛이, 색이 세상을 물들이고 있다. 그중에서도 한결 두드러지고 또 돋보이는 빛의 하나가 다름 아닌 붉은빛이다. 오월의 초록은 붉은 장미로 인해 더욱 푸르고 소녀의 얼굴은 홍조를 띠어서 더욱 꽃답다.

붉은빛으로 최고로 꼽을 수 있는 것이 태양이다. 불은 그것에 버금간다. 사람으로서는 붉은 피가 곧 목숨이다. 따라서 태양과 불과 피, 이 셋은 붉음의 으뜸이다. 그래서 붉음은 온갖 빛의 정상에 자리한다. 빛의 빛이 다름 아닌 붉음이다.

그런 탓에 붉음의 의미 또는 상징은 꽤나 다양하다. 다른 빛깔들은 그런 면에서는 붉은빛보다 처진다.

붉은빛은 무엇보다 먼저 이글대면서 타오르는 기운을 상징한다. 열정, 흥분, 정열, 그런 뜨거운 낱말은 붉음과 통한다. 그것들은 인간의 붉은 마음이다.

한데 태극기의 붉음은 더한층 뜨겁다. 음양의 양이기에 절로 우주 공간의 불타는 듯한 기운을 담고 있다. 태양이 붉게 빛나는 동안의 지구 공간은 태극기의 붉음으로 대표된다.

붉음은 열정이고 뜨거운 생명력이지만, 이에서는 피의 상징성이 우뚝 드러나기도 한다. '피 나는 노력'이라고들 할 때, 그 붉음은 모든 난관을 샅샅이 불태우고야 마는 끈기와 의지를 일컫는다. 운동 경기에서 '홍백전'이라 하긴 하지만 빛깔의 기운으로는 홍이 이기는 것이 당연하게 생각된다.

새빨간 불꽃은 모든 걸 태워 없앤다. 그 뒤에 남겨진 것은 맑음이고 깨끗함이다. 불타는 붉음은 정열에 겸해서 맑음이며 깨끗함도 의미한다. 맑히는 작용인 정화淨化는 불타는 붉음의 자랑이다. 정월에 행하는 '달집불'도 '쥐불놀이의 불'도 뜨겁고 새빨갛게 이글대는 붉은 기운으로 대지며 논밭을 깨끗이 정화해서 한 해 농사의 풍년을 기약했던 것이다. 더 나아가서 사람 사는 세상을 불기운으로 깨끗이 씻어낸다는 뜻도 있었다. 부정不淨을 태운다는 말은 그래서 생겨났다.

그러자니 사람 마음의 정갈함도 붉음에 의지하게 되었다. '일편단심一片丹心'의 단심은 적심赤心이자 성심誠心, 곧 진실된 마음이다. 참되고 고운 마음이다.

이 몸이 죽고 죽어 일백 번 고쳐 죽어

백골이 진토 되어 넋이라도 있고 없고

님 향한 일편단심이야 가실 줄이 있으랴.

바야흐로 기울고 있는 모국인, 고려에 바치는 변함없는 충성을 정몽주는 「단심가丹心歌」에서 이렇게 노래했다. 이때의 단丹, 곧 붉음은 충성이 되고 정성이 되고 정결함이 된다. 그래서 고결한 여성의 정조 또한 단심이라고 일컬어온 것이다.

그러자니 나무 가운데서는 단풍丹楓, 특히나 가을 단풍은 그냥 곱게 붉음을 뽐내는 데에 그치지 않았다. 소슬한 가을 기운에 어울리는 정갈한 아름다움이 돋보이며 붉음은 피어났다.

옛시조는,

만산홍엽 滿山紅葉이 휘두러져 웃는고야.

라고 노래하면서 단풍의 붉은 잎이 깔깔거리며 크게 웃는다고 했다.
붉음은 활달한, 기고만장한 웃음기운이 되기도 하는 것이다. 이건 너
무나 멋들어진 붉음이 아닐 수 없다. '붉은 웃음'이란 말이 왜 없을
까 하는 아쉬움을 누를 수가 없다.

그러기에 정정한 기운이 넘치는 신선과도 같은 맑은 노인을 두고
'홍안백발紅顔白髮'이라고 우러러보기도 한다. 그런 노년의 얼굴빛
은 홍엽인 가을 단풍에 견주어도 좋을 것이다. 그러고 보니 홍도紅桃,
홍시紅枾 등등 열매도 홍이 좋고, 홍매紅梅, 홍련紅蓮, 홍싸리라 해서
꽃도 홍이 좋다. 홍조紅潮를 띤 얼굴, 그 불그레한 안색은 애기들의
예쁜 얼굴이자 절세 미녀들의 수줍음 탄 얼굴을 말할 때도 쓰인다.

'녹의홍상綠衣紅裳', 이것은 초록빛 비단 저고리에 붉은빛 비단 치
마를 입은 새 신부 아니면 젊은 여성을 가리키는 대유법이다. 이때의
홍상은 홍도 혹은 홍매에 견주어질 수 있을 것이다.

붉음은 고움과 아름다움만을 뜻하지는 않는다. 안으로는 간직한
사랑의 열정을, 그 뜨거운 가슴까지 대변한다. 그렇게 타오르는 생명

력을 상징할 뿐만 아니라 정갈함과 청초함, 또 순결함도 나타낸다.

요컨대 붉음은 첫째로는 가장 뛰어난, 화사한 아름다움의 미색美色이다. 그러나 단지 그것에만 그치지 않는다. 둘째로는 넘치는 생명력을 길이 간직하는 생명의 색이기도 하다. 이럴 경우, 주홍朱紅의 주가 생명체의 목숨의 빛인 나머지 영생불사永生不死, 곧 죽지 않을 영원할 생명을 의미하고 있다는 점이 강조되어야 할 것이다. 또 있다. 셋째로는 곱고 맑게, 또 정갈하게 외모뿐만 아니라 심덕이며 마음도 가꾸는 미덕美德의 색이기도 하다.

이것은 다른 색들이 도저히 갖지 못한 붉은빛의 삼대 장점이다. 그래서 붉음은, 주홍은 천하의 제일 미색美色이라고 해도 괜찮을 것이다.

(2) 흰빛

홍백紅白, 곧 붉은빛과 흰빛은 서로 극단적으로 대조를 이루는 빛이다. 얼굴이 홍조를 띠면 몸에도 열이 오르면서 마음도 함께 뜨거워져 있다는 표시가 된다. 이에 비해서 '백지장 같은 얼굴'에서처럼 얼굴이 창백하다면, 병이 들었거나 실색했음을 의미할 것이다. 가령 정치에서 좌익과 우익은 붉은 깃발과 흰 깃발로 상징되곤 한다. 이 경우 좌익에서는 붉음이 혁명의 불길이 되기도 한다. 붉은빛이 다양한 상징성을 갖추고 있듯이 흰빛 역시 그 상징이 뜻하는 바가 만만치 않다. 흰빛에도 좋고 나쁜 상징이 뒤섞여 있다. 앞에서 '바람'에 관한

둘째 대목, 상징의 갖가지 모습들, 모양새들

상징을 설명할 때 말한 바 있는 '모순등가'가, 이를테면 좋은 면과 나쁜 면, 그 두 가지 서로 모순되는 것이 엇비슷하게 맞먹고 있는 그 모순등가가 흰빛을 두고도 적용된다.

백학白鶴과 백룡白龍이면 학과 용 가운데서도 으뜸으로 빼어난 것들이다. 백로白鷺를 비롯해서 백마白馬, 백구白鷗도 칭찬받게 되어 있다. 동물만이 아니다. 꽃도 흰빛의 백련白蓮과 백장미, 그리고 백매白梅가 요란한 빛깔의 꽃들을 제치고 추앙받는다.

뿐만 아니다. 문자 그대로는 흰 눈썹을 가리키는 백미白眉가 같은 무리 중에서 일등으로 뛰어난 존재를 의미할 때나, 청백리淸白吏가 결백하고 정직한 관리를 의미할 때나 흰빛은 하나같이 빼어나고 뛰어남을 의미한다.

한데 웬걸, 백치白痴라고 하면 바보 천치이니 이 경우의 '백'은 백색 가운데서도 가장 흉측한 상징성을 갖고 있는 셈이다.

백수건달白手乾達이라고 할 때의 백도 좋을 것 없다. 이때의 백은 할 일도 없고 마음 쓸 것도 없는 허망함을 의미한다. 백도白徒, 백민白民 따위의 말에서 흰빛이 의미하는 바도 비슷하다. 무엇에나 손 놓고 있는 사람이 이들 백도고 백민이다.

백면서생白面書生은 그저 글이나 읽고 쓰고 할 뿐, 실제로는 아무것도 하는 게 없는 사람을 가리킨다. 크게 나쁜 뜻은 아니지만 그 말 들어서 좋아할 사람은 별로 없을 것 같다.

백기를 든다면 싸움에 져서 항복한다는 뜻이다. '백판白板 모르는 사람'은 영 아주 모르는 남이라는 뜻이니 별로 좋은 말이 아니다.

이렇게 흰빛이 괄시받는 경우들도 있다. 물론 대부분의 경우 흰빛은 긍정적인 뜻을 지닌다.

가령, 본 이름이 김정식인 시인이 스스로 김소월金素月로 자처한 것은 익히 알려진 사실이다. 이때 소월은 백월白月과 다를 바 없이 흰 달이란 의미를 지닌다. 빼어난 시인이 스스로 흰 달로 자처하고 나선 것만 보아도 흰 달은 그 청아함과 정갈함으로 해서 동경의 대상이 되었음을 알 수 있다.

흰빛에 대한 동경은 아주 곱게 늙은 노인의 백발에서도 발견할 수 있다. 백두옹白頭翁이라면 백발의 노인이라는 뜻인데, 옛 전설에 나오는 신선 또한 으레 백두옹이다. 그는 맑고 깨끗한 산의 정기, 대자연의 정기 그 자체이기도 한데 죽음을 넘어서 영생을 누린다고 전해진다. 그런 신선의 속내가 그의 백발로 인해 더한층 은은하게 두드러지게 된다. 이 경우, 백발의 흰빛은 거룩함이나 신성함을 상징한다고 할 수 있겠다.

10. 장

장, 시골 장은 흥청댄다. 왕창왕창 흥청거린다. 떠들썩하고 요란
하기만 한 게 아니다. 벅적대고 뻑적대기도 한다. 흥정으로 흥청대
고 호객 소리로 시끌벅적하다.

모르긴 해도 저 까마득한 옛적부터 한 시대 전까지만 해도 한국인
이 모이는 자리로 장에 견줄 만한 것은 없었다. 떼로 모였다 하면 장
이고, 장이 열렸다 하면 떼를 지었다. 묵은 시대의 거대한 몹신mob
scene, 이를테면 대중 집회의 정경이 장에서 벌어지곤 했다. 그러기
에 '장 보러 간다'고 하면 물건 사고팔기 위해서 가는 것만은 아니었
다. 만나서 반가워하고 회포를 풀고 그래서 서로 마음을 나누기 위해
서 가는 이유가 더 컸다.

해서 '장꾼'은 단지 물건 사고파는 사람만을 가리키지는 않았다.
장에서 아우러지고 한패가 되고 같은 동아리가 되는 사람끼리로도
장꾼은 이루어져 있었다.

따라서 '장바닥'은 장사꾼이 좌판 벌인 곳, 그래서 물건 가지 사러
온 사람이 모이는 곳이면서 동시에 누구나 문자 그대로 '공중公衆'이
되고 대중이 되는 현장, 그게 곧 장바닥이었다. 장터고 장거리고 장
마당이었다. 장판이기도 했다. 장이 열리고 있는 공간을 가리키는
낱말이 이처럼 여러 가지였다. 그만큼 장은 요란하고도 야단스러운

장소였다.

어절시구나 들어와요 절시구나 들어와요

일 자나 한 자나 들고나 보니

일월이 송송, 해 송송, 밤중 샛별이 완연하다

이 자나 한 자나 들고나 보니

이수등분 백로주에 백구 펄펄히 날아든다

삼 자 한 자나 들고나 보니

삼월이라 삼짇날에 제비 한 쌍이 날아든다

지리구 지리구 잘 한다 품품바하고 도나 잘 한다

네 선생이 누군지 나보다 도나 잘 한다

……중략……

들어왔네 들어왔어 각설이가 들어왔네

작년에 왔던 각설이 죽지도 않고 또 왔네.

장거리에서, 좌판 앞에서 거지들이 〈각설이 타령〉으로 소란을 떤
다. 한데 노래에 담긴 말재주가 여간 아니게 멋지다. 무식쟁이라기
에는 말솜씨가 엄청나다. 고급스런 시에서나 쓰일 시의 기법, 이를테
면 압운법과 반복법 등을 교묘하게 부린다.

　떠돌이들은 그렇게 노래하면서 푼돈 몇 잎 챙기기 위해서 상인들

둘째 대목, 상징의 갖가지 모습들, 모양새들

의 좌판 앞에서 춤을 추어댄다. 장판이 난데없이 무대가 되어 요즘 한창 인기를 누리는 비보이 저리 물러가라 할 정도의 공연을 벌인다. 장마다 돌아치면서 장사를 하는 장돌뱅이들도 구경만 하지 않는다. '정처 없는 장돌뱅이 신세'란 말이 일러주듯이, 방랑하는 떠돌이 신세로는 각설이패들과 별로 다를 게 없다 보니, 이들 두 무리는 쉽게 어울린다. 그래서 장판은 난장판이 되기도 한다. 물론 장 보러 온 장꾼들이라고 해서 나 몰라라 하고 뒷짐만 지지는 않는다. 주막에서 막걸리 한 바가지쯤 걸친 탓에 더러는 각설이패며 장돌뱅이들과 다를 바 없이 요란을 떨기도 한다. 이래서 장바닥은 거듭 거듭 쇼 무대가 된다.

그런 중에서도,

전라도와 경상도를 가로지르는
섬진강 줄기 따라 화개장터엔
아랫마을 하동 사람 윗마을 구례 사람
닷새마다 어우러져 장을 펼치네.

처럼 조영남이 노랫말을 붙인 〈화개장터〉에서의 화개장은 별스럽게 그 소문이 왁자하게 나 있다. 지리산 쌍계사 계곡의 초입, 경남 하동군의 화개에 자리한 이 장은 김동리의 대표작 중 하나인 「역마」의 무대로도 잘 알려져 있다.

주인공 성기는 그 핏줄이 이미 떠돌이다. 성기의 외할머니는 정처 없이 떠도는 남사당패와의 사이에서 성기의 어머니 옥화를 낳는다. 한데 뒷날, 화개장터의 주막집 주모가 된 옥화는 옥화대로 또 방랑객인 중과의 사이에서 성기를 낳았다. 그러니 성기는 당연히 역마살을 타고 태어날 수밖에 없는 인물이다.

어느 날 옥화네 주막에 늙은 체 장수가 나타나 딸 계연을 맡기고 장사를 떠난다. 옥화는 역마살을 타고난 성기가 계연에게 정을 붙이면 그곳에 머물러 살 수도 있다는 생각에 성기와 계연을 가깝게 하려고 노력한다. 두 젊은 남녀는 옥화의 바람대로 급속히 가까워지고 정이 든다. 하지만 우연히 옥화는 계연의 왼쪽 귓바퀴에 자신과 꼭 같은 사마귀가 박힌 것을 보게 된다. 그것이 계기가 되어서 옥화는 계연이 자신의 배다른 동생임을 알게 된다. 결국 계연은 옥화의 주막을 떠나고 이유를 모르는 성기는 몹시 앓는다. 옥화는 혹시나 하는 마음으로 성기에게 모든 사실을 이야기해준다. 그 뒤 성기는 병석에서 떨치고 일어나 엿판을 메고 정처 없는 떠돌이 길에 오르면서 이야기는 마무리된다.

이 작품에서 장돌림들이 들렀다가 가면 그뿐인 장은 인생 자체 아니면 운명 자체가 방랑으로 꾸려지는 떠돌이의 삶을 상징한다. 누구나 장에서는 길손이고 나그네인 것이다.

그 점은 장돌림들, 이를테면 장과 장 사이를 장사꾼으로 떠도는 장돌뱅이의 삶을 다룬 이효석의 「메밀꽃 필 무렵」에서도 극명하게 드러난다.

이들 두 작품은 장에서는 누구든 '호모 비아토르homo viator', 곧 방랑객임을 보여준다.

11. 다리

다리가 있기에 우리들은 강을 건너고 개울을 넘어다닌다. 강이나 개울로 갈라진 이곳과 저곳을 다리는 이어준다. 열차가 다니는 철교나 자동차가 내달리는 교량 말고, 시골 마을 근처에서 사람이 걸어서 건너는 다리로는 나무다리도 있고 돌다리도 있다.

나무다리에는 한 사람이 가까스로 건널 수 있는 폭의 외나무다리도 있는데, 그것은 여간 아슬아슬한 게 아니다. 그나마 통나무 기둥을 받치고 길게 판자를 깐 나무다리라면 괜찮은 편이다. 그렇지 않고 달랑하게 통나무를 얹기만 한 외통수의 다리는 보통 위태위태하지 않다. 넘어질 듯 넘어질 듯하면서 곡마단의 곡예사가 재주 피우듯이 건너야 하기 때문이다.

복사꽃 능금꽃 피는 내 고향

만나면 즐거웠던 외나무다리

그리운 내 사랑아 지금은 어디

새파란 가슴 속에 간직한 꿈을

못 잊을 세월 속에 날려보내리.

어여쁜 눈썹달이 뜨는 내 고향

둘이서 속삭이던 외나무다리

헤어진 그날 밤아 추억은 어디

싸늘한 별빛 속에 숨은 그 님은

괴로운 세월 속에 어이 잊으리.

　1960년대 최무룡이 주연한 영화 〈외나무다리〉에서 불린, 반야월이 노랫말을 붙인 동명의 가요다. 노래의 주인공에게 외나무다리는 정든 고향의 징표 바로 그것이었다. 동시에 만남의 자리였고 사랑의 터전이었다. 외나무다리라서 비로소 이루어지는 만남이, 그리고 주고받는 속삭임이 있었다. 외나무다리는 필연적으로 마련된 사랑의 자리였다. 안 만나려야 안 만날 수 없는 상봉의 필연, 그것이 다름 아닌 외나무다리였다. 거기에는 즐거움이, 그리고 속삭임이 서려 있었다. 그러나 이제 애절한 추억 속에서 외나무다리는 삭아져버렸다.

시골의 개울에는 더러는 공들여서 만든 돌다리도 있기 마련이다. 이태준의 작품 「돌다리」에도 그런 돌다리가 등장한다.

도시의 병원을 키우기 위해 고향의 논밭을 팔자고 아버지를 설득하러 온 아들은 결국 반대하는 아버지를 설득하지 못하고 돌다리를 건너 다시 도시로 돌아간다. 이 작품에서 자그마한 돌다리는 아버지의 땅에 대한 애착심과 고향에 대한 사랑의 상징과도 같은 존재다.

한데 시골 개울에는 돌다리보다는 징검다리가 더 어울린다. 안성맞춤이라 할 것이다. 황순원의 「소나기」에는 그런 정겨운 징검다리가 놓여 있다. 개울을 가로질러서 큼직한 돌들을, 사람들 한 발자국의 거리만큼 띄엄띄엄 깔아놓은 게 곧 징검다리다.

소녀와 소년은 그 다리에서 만나 서로 애틋한 감정을 주고받는다. 아직도 미처 동심을 떨치지 못한 청순한 두 사람에게 징검다리는 사랑의 다리를 상징한다.

이렇듯이 외나무다리이건 돌다리이건, 아니면 징검다리이건 간에 우리들 시골 고향의 개울에 걸리고 깔리고 한 다리는 서로들 오가는 정과 건너가서 다시 건너오는 사랑의 상징으로 자리했던 것이다.

상징 다루기,
살아나가기

상징을 조목조목 따지다 보니, 신통하게도 한국 문화의 여러 국면이며 한국인 생활양식의 여러 모를 또 그것들에 겹친 행동양식이나 사고방식까지 곁다리로 살펴본 듯하다. 한국인의 세계관이며 인생관도 더불어서 적지 않게 드러났다.

덕택에 이 한 권의 책은 아쉬운 대로, 낱권으로 된 백과사전이라고 해도 크게는 지나치지 않을 구색을 웬만큼 갖추게 된 것 같다. 한국의 상징은 말할 것도 없이 한국인의 언어 속에 깃들어 있다. 하지만 그 언어는 특수한 언어다. 사물을 맞대놓고 가리키는 언어다. 구체화할 수 없는 생각이나 관념 또는 개념을, 아니면 감정이나 정서를 구체적인 사물을 통해서 나타내는 것이 곧 상징이다. 더 줄여서 말하자면 상징은 관념을 나타내는 구체적인 사물을 통해서 표현된다고 해도 괜찮겠다.

한데 상징은 엄청나게 다양하고 종자가 많다. 우주에 걸쳐 있는가 하면, 자질구레한 물건에도 상징은 걸쳐 있다.

하늘과 대지가 또는 바다가 상징이 되기도 하고, 태양이며 달이며 별이 상징이 되기도 함을 우리는 이 책에서 똑똑히 보았다. 이처럼 상징은 우주와 맺어져 드러나기도 한다.

그러면서 상징은 자연과도 무관하지 않다. 산이며 물, 바람, 나무, 꽃 등등이 상징으로서 자격을 갖추었다. 물론 동물들도 상징에 있어서는 단단히 한몫 거들고 나선다.

그런가 하면 길이나 다리, 고개, 그리고 장터며 집도 상징을 살펴볼 때 빼놓을 수 없다. 이들은 그네며 널 등이 그렇듯이 인간 문화의 다양한 요소로서 당당히 상징의 한 축을 이룬다.

그러자니 자질구레한 물건들, 예컨대 붓 등의 사물들도 의젓하게 상징으로서의 제구실을 하는 것이 놀랍지도 않다.

우리들 인간은 필경, 상징으로 생각을 가꾸고 행동을 꾸려가고 인간끼리의 고리며 관계를 맺어가는 것이다. 일상생활이 상징에 의지하듯이, 관념이며 사상 또한 그러함을 알아차릴 수 있었다. 결국 이 책을 통해서 우리들 누구나 살고 생각하고 하는 것이, 다름 아닌 상징의 활용임을 깨달을 수 있었다. 바로 이 점으로 인해 이 책을 읽은 독자들의 사고며 행동이 사뭇 풍요로워지기를 감히 바라고 싶다. 그래서 상징 다루기가 곧 살기임을 우리 독자들이 절절히 느끼기를 아울러 바란다.

한국민속과 문학연구

김열규 지음 | 문학 | 신국판 | 332쪽 | 종이책 출간 1971년

문학과 민속의 관계를 중심으로 민속문학이 어떻게 예술문학에 수용되었는가 또는 민속문학이 예술문학에 끼친 영향이 무엇인가를 고찰한 책이다. 저자는 한국문학의 원형은 신화나 설화, 민담에 있다고 강조한다. 한국문학 중에서도 조선 말기까지의 고전문학이 갖는 민간전승과의 관련성에 주목하고 소재의 반복성을 추적함으로써 소재사 또는 주제사적인 맥락에서의 민간전승의 지속성을 다루고 있다. 이는 곧 한국문학이 창작문학과 민속문학의 결합에 의한 다층적 융합으로 특징지어진다는 점을 보여주는 것이다.

특히, 민담과 고전소설의 구조론이나 전기적 유형론(傳記的 類型論), 재생모티브, 취임(就任)모티브, 신성혼인 및 신성쟁투(神聖爭鬪), 수(水)-월(月)-여(女)의 생생력(生生力) 상징, 입사식(入社式) 등의 중요한 개념과 용어를 통해 구비문학을 국문학의 본령에 결합해 국문학의 영역을 확대하고 있다.

저자가 보여주는 문예학·심리학·신화학·종교학의 원용과 구조주의·인류학 및 기호론에 입각한 광범위한 방법론적 관심은 기존의 내용 해설이나 문헌고증을 넘어서는 당시로서는 새로운 시도였다. 1960년대 후반부터 구체화되기 시작한 고전문학과 현대문학을 잇는 한국문학의 지속성에 대한 관심을 기반으로, 방법론적인 반성과 모색을 시도하여 국문학연구 분야의 새로운 지평을 연 책이다.

한국신화와 무속연구

김열규 지음 | 민속 | 286쪽 | 신국판 | 종이책 출간 1977년

　　신화는 '신성(神聖)'이 발현되어가는 과정을 그린 서사
문학이다. 한국신화가 신성 발현의 이야기라고 할 때 그 신
성을 가능하게 하는 원리는 무엇일까. 가장 핵심적인 원리
는 바로 무속신앙이다. 따라서 한국 신화의 본질에 관한 물
음은 무속신앙, 곧 샤머니즘이 어떤 과정을 통해 신성한 것
으로 정립되었는가 하는 물음으로 대치될 수 있다.

　　한국의 상고대 신화는 상고대 왕조의 왕권이 무속 원리에
의해 신성화된 이야기라고 할 수 있다. 따라서 상고대 신화
들은 오늘날까지 전해지는 무속신화와 밀접한 연관을 갖는
다. 저자는 오늘날 무속신화가 지닌 가장 중요한 속성이
'本풀이'란 말로 표현될 수 있듯이 상고대 신화도 역시 '本
풀이'의 신화로 간주될 수 있다고 설명한다. 고려왕조 또한
초기왕권을 무속 원리로 신성화했는데, 샤머니즘의 조상숭
배 속에서 생겨난 조상전승과 왕조의 조상숭배가 기반이 되
어 형성된 왕조전승이 샤머니즘을 매개로 하여 뒤섞인 것으
로 보고 있다. 따라서 무속신화의 본풀이적 구성이 왕권을
위한 본풀이로 교체된다는 데서 한국 상고대 신화의 원형성
을 찾을 수 있다고 한다. 이 책은 한국신화(상고대에서 고려
시대까지)의 기층적 이념으로 한국무속이 갖는 보편성을 추
적한다. 이로써 무속 원리에 기대어 이루어진 상고대 신화
들의 기저를 흐르는 한국적 민간전승의 의미와 가치를 생각
하게 한다.

민담학개론

김열규 외 지음 | 민속 | 372쪽 | 신국판 | 종이책 출간 1982년

민담은 구비전승문학의 한 갈래이다. 민담을 다루는 분야는 민속학에서부터 인류학, 문학, 교육학, 종교학, 그리고 정신분석학과 심리학까지 다양하다. 이 책은 이와 같은 연구 분야의 다양성, 그리고 접근 방법의 다채로움을 통해 학문으로서의 민담학을 소개한 개론서이다. 각 분야의 전문가들이 민담학과 관련된 정통적 방법론에서부터 분석심리학적 접근, 구조주의 민담론에 이르기까지 풍부하고 다양한 내용을 다루고 있다.

민담과 관련된 정통적 방법론에서는 서사적 구성을 지닌 이야기를 분석하여 설화의 개념과 정통민담, 준準민담류, 전설, 신화, 고전적 장르론의 해체 등을 분석한다. 분석심리학적 접근에서는 민담과 인간 심성, 민담의 심리학적 해석 등을 통해 새로운 유형의 신화에 대한 가능성을 제시한다. 특히 수수께끼의 언어적 징표 등에 대해 다룬 '언어 경합담(競合談)의 구조'나 청소년에서 성인으로 성장하는 통과제의의 이야기를 다루는 '민담과 문학에서의 입사식담(入社式談)' 등은 현대에까지 이어지는 민담의 속성들을 보여준다.

민담 자체가 지닌 복합성에 대응하는 다양한 학문적 분석과 접근을 통해 민담이 지닌 현재적 의미까지 살펴볼 수 있는 책이다.

한국문화의 뿌리: 가문과 인간·문화와 의식

김열규 외 지음 | 민속 | 230쪽 | 신국판 | 종이책 출간 1989년

한국 문화의 뿌리를 찾아 '가문과 인간', '문화와 의식'에 대한 질문과 그 대답을 엮은 대담집이다. 제1편인 가문과 인간에서는 집, 조선조 문학의 이상적 인간상, 여성, 한국 남녀의 에로스, 무덤 등을 주제로 다루었고, 제2편인 문화와 의식에서는 아리랑, 원한, 굿과 놀이, 도깨비, 믿음 등의 주제를 다루었다.

한국인들은 '가정, 집, 가문'을 통해 어떻게 생활해왔으며, 그것은 한국인의 내면을 어떻게 특성화했을까. 이 질문에 대해 대담자들은 한국 문화 전반에 있어서 집 내지 집안이 갖고 있는 의미와 강도에 대해 언급하며, 그 논의를 조선조 서사문학의 원형에 해당하는 신화에까지 확대해나간다. 즉, 개인의 성취와 가문의 성취, 그리고 국가의 성취가 완전한 조화를 이루는 우리의 서사문학은 혈연관계(가문)를 중시하는 우리 고대 신화의 전통이 이어진 것이라는 설명이다.

각 주제마다 세 명의 전문가들이 참여하여 진행된 대담 형식으로 이루어져 있어 '우리는 도대체 누구인가'라는 질문에 저자들과 마주 앉아 이야기를 듣는 듯이 친근하게 느껴진다. 단순히 이론을 소개하거나 나열하는 것이 아닌 문학, 철학, 심리학 등의 다양한 분야와 통섭하여 이야기를 끌어나가는 것도 이 대담집이 지닌 큰 매력이다.

상징으로 말하는
한국인, 한국 문화

1판 1쇄 펴낸날 2013년 6월 5일
1판 2쇄 펴낸날 2014년 11월 30일

지은이 | 김열규
펴낸이 | 김시연

펴낸곳 | (주)일조각
등록 | 1953년 9월 3일 제300-1953-1호(구 : 제1-298호)
주소 | 110-062 서울시 종로구 경희궁길 39
전화 | 734-3545 / 733-8811(편집부)
733-5430 / 733-5431(영업부)
팩스 | 735-9994(편집부) / 738-5857(영업부)
이메일 | ilchokak@hanmail.net
홈페이지 | www.ilchokak.co.kr

ISBN 978-89-337-0651-0 03380
값 13,000원

* 지은이와 협의하여 인지를 생략합니다.

* 이 도서의 국립중앙도서관 출판시도서목록(CIP)은
서지정보유통지원시스템 홈페이지(http://seoji.nl.go.kr)와
국가자료공동목록시스템(http://www.nl.go.kr/kolisnet)에서
이용하실 수 있습니다.(CIP제어번호: CIP2013006241)